KB117319

창의력에 미쳐라

창의력에 미쳐라

지은이 김광희
펴낸이 임상진
펴낸곳 (주)넥서스

초판 1쇄 발행 2010년 10월 25일
초판 27쇄 발행 2017년 12월 30일

2판 1쇄 발행 2018년 4월 10일
2판 8쇄 발행 2024년 4월 15일

출판신고 1992년 4월 3일 제311-2002-2호
주소 10800 경기도 파주시 지목로 5
전화 (02)330-5500 팩스 (02)330-5555

ISBN 979-11-6165-335-8 03320

www.nexusbook.com

creative

당신의 머리를 흔들어 깨우는 기발하고 통쾌한 창의력 이야기

HOW TO
BREAK
THE STEREOTYPE

창의력에 미쳐라

김광희 지음

WHAT'S NEXT?

BIG IDEA

STORYTELLING

Excellence

impossible

넥서스BIZ

제2의 창의력 르네상스!

에둘러 말하지 않겠다. 대한민국은 창의력에 미친 것 같다. 정부와 정당도, 지자체도, 기업도, 학교도, 광고도, 학습도, 뉴스도, 시험과 슬로건도 모두 창의력에 미쳐 있다.

그동안 발목을 잡아온 고정관념이라는 창살 없는 감옥에서 하루 빨리 벗어나자는 취지다. 그러다 급기야 창의력을 길러야 한다는 개인과 조직의 처절한 강박감과 몸부림이 극도의 스트레스까지 부른다.

그럼에도 이런 외침들이 일방적 구호 인플레이션처럼 느껴지는 건 왜일까? 창의력이라는 똑같은 말로 포장된 수많은 주장이 되레 창의력 표출에 대한 힘겨움이나 피로감으로 비쳐선 안 된다.

더해 알파고 제로가 이세돌을 무너뜨린 알파고 리에 100전 100승함으로써 인공지능이 이제 인간 고유의 영역이라 여겼던 창의력까지 넘보고 있다. 그럼에도 마지막까지 인공지능으로 대체되기 힘든 분야는 바로 창의력과 그 관련 영역이다. 미래학자들은 창의력과 네트워킹 능력을 갖춘 인간만이 인공지능에 대한 통제력을 견고히 할 수 있다고 한다.

역설적이게도 다가올 불확실성에 대한 인간의 위기감이 제2의 창의력 르네상스를 예고하고 있다. 웃어야 할지 울어야 할지 난감하다.

우리가 창의력에 관심을 가지는 건 두 가지 신념 때문이다.

첫째는 '능력'이 동일하거나 조금 뒤지더라도 '창의력' 표출 여하에 따라 얼마든지 개인이나 조직의 '성과(performance)'가 높아질 수 있다는 지고지순한 믿음에 기초한다. 식으로 표현하면 이렇다.

$$성과(P) = 창의력(C) \times 능력(H)$$

- 창의력(C) : Creativity
- 능력(H) : Hability

둘째는 창의력이란 유전적인 것이 아니라 후천적 학습과 습관을 통해 얼마든 향상될 수 있다는 신념이다. 전문가들의 의견도 별반 다르지 않다.

동기유발 이론으로 잘 알려진 매슬로(Abraham H. Maslow)는 이렇게 말한다.

"창의력은 모든 인간 본성에 내재된 기본적 특성이다."

창의적 문제해결 이론 '트리즈(TRIZ)'를 창시한 러시아 공학자 겐리흐 알트슐러(Genrich S. Altshuller)는 이런 주장을 펼쳤다.

"창의력은 선천적 능력이 아니다. 누구나 노력하면 창의력을 키울 수 있다."

미국 국립 영재연구센터의 조지프 렌줄리(Joseph Renzulli) 소장은 창의력에 관한 환경과 후천적 교육의 중요성에 대해 이렇게 역설했다.

"유전적으로 영재성을 타고난다 하더라도 자유롭고 창의적 사고를 할 수 있는 환경이 갖추어져야 한다."

위 세 전문가의 의견을 한마디로 정리하면 이렇다.

'창의력을 표출할 수 없는 사람은 있어도, 창의력이 잠재되지 않은 사람은 없다. 잠재된 창의력을 끌어내기 위해선 끊임없는 노력과 훈련 그리고 적절한 환경이 요구된다.'

창의력 계발에 결코 늦음이란 없다. 창의력을 키워보겠다는 일념을 스스로 버리지 않는 한 말이다.

책 속에서 창의력을 둘러싼 다양한 화두를 던지면 이런 불평이 뒤따를지도 모른다.

"이런 뻔한 주제를 가지고 뭘…."

"머리로는 누가 몰라?"

분명 그런 지적이 틀린 건 아니다. 하지만 한 가지는 알아두었으면 한다. 머리로 알고 있는 것과 이를 확신하고 행동으로 옮기는 것 사이에는 하늘과 땅 만큼의 차이가 생긴다.

소수에게만 적용될 가능성이 높은 이론(교재)이나 피상적인 창의력 전도서보다 훨씬 더 중요한 것이 있다. 그건 창의력의 주인공으로 거듭나고자 하는 강렬한 염원과 그것을 실천하겠다는 철석같은 믿음이다.

최근 들어 창의력 계발에 대한 연구와 글들이 세상에 차고 넘친다. 자기계발서들은 어떻게 하면 창의력을 키울까에 대한 해답을 내놓기 위해 안간힘을 쏟고 있다. 그 자체가 현재 우리는 창의력과 너무 멀리 있다는 반증이 되고 있어 아이러니가 아닐 수 없다.

그럼에도 우리 미래는 대단히 희망적이다. 창의력에 목말라 하는 독자가 그만큼 존재한다는 하나의 큰 잣대가 되고 있어서다.

이 책의 Part 1에선 창의력이란 대체 무엇이고 왜 필요한 것인지, 창의력의 5대 요소에 대해 간략히 언급한다. 더불어 기발하고 통쾌한 질문을 통해 독자의 잠든 머리를 깨우려 한다. 딱딱하고 뻣뻣한 머릿속이 한결 부드러워질 것이라 확신한다.

Part 2에선 고정관념을 단숨에 깨뜨리고 창의적 상상력을 북돋워줄 명쾌하고 탁월한 국내외 사례들을 소개한다. 분명 흥미로울 것이다.

Part 3에선 창의력을 말살하는 몇 가지 요인을 짚어본다. 나아가 창의력 계발에 도움을 줄 마음가짐(생각 도구)과 이를 실천하기 위한 노하우를 소개한다.

또한 모든 절의 첫 페이지엔 유쾌하면서도 무언의 메시지를 안겨줄 사진과 그림, 광고 등을 실었다. 이 책을 대하는 독자에게 또 다른 감흥을 불러일으킬 걸로 기대한다.

특히 사진은 단순한 기록이 아닌 통념을 깨는 우리 삶의 기억이다. 그 속엔 지루한 일상의 관념에서 벗어나 자신만의 독창적인 생각을 간직하고픈 열망까지 담겨 있다.

　책 끝머리 〈에필로그〉엔 '창의력 계발을 위한 30가지 마음가짐'을 제시하였다. 아무쪼록 독자에게 많은 도움이 되었으면 하는 간절한 바람이다.

　마지막으로 이 책이 출간될 때까지 수고를 아끼지 않은 넥서스 임직원에게 진심으로 감사하다는 인사를 드린다.

　"고맙습니다."

김광희

How to Break
the Stereotype

당신의 머리를 흔들어 깨우는 기발하고 통쾌한 창의력 이야기
창의력에 미쳐라

PART1
통쾌한
창의력 이야기

PART2
고정관념 타파와
창의적
발상 사례

PART3
창의력을 길러줄 생각 도구

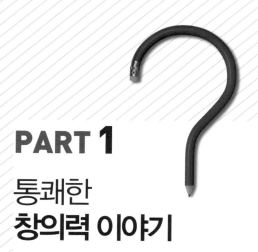

PART 1

통쾌한
창의력 이야기

Part 1에선 창의력이란 대체 무엇이고
어떤 경우에 이를 떠올리는지
그리고 창의력을 이끌어내기 위해선
어떻게 해야 하는지 5가지 핵심 요소를 언급한다.
아울러 기발하고 통쾌한 질문을 통해
독자의 잠든 머리를 흔들어 깨우려 한다.
그동안 굳혀온 고정관념에 당당히 맞설 수 있는
독창적이고 흥미로운 이야기보따리를 푼다.
자, 닻을 힘차게 올린다!

창의력은
생명력

01

요즘은 무엇보다 창의력이 중요한 시대라고 한다.
까놓고 말해 창의력이 중요하지 않았던 시대가 있었던가?
인류 문명은 모두 창의력의 산물이다.
콘크리트를 헤집고 나오는 괴력!

창의력은
끈질긴
생명력이다.

©Kim Kwang Hee

어서 와,
창의력은 처음이지?

어영부영 세월만 보내다가 언젠간 내 이렇게 될 줄 알았다니까.
I knew if I stayed around long enough, something like this would happen.
영국 작가 버나드 쇼(George Bernard Shaw)의 묘비명에서

혁신이 *부족*하여 미래는 안개 속
Lack of innovation clouds Samsung's future

　수년 전 〈파이낸셜타임스〉는 삼성전자의 실적을 극찬하면서도 위와 같은 제법 자극적인 토픽을 달았다. 더불어 "까딱 잘못하면 삼성도 다시 구멍가게가 될 수 있다(If anything goes wrong, Samsung could end up as a corner shop again)"고 말한 이건희 회장의 경계심도 함께 실었다.

　삼성전자 영업이익은 지난 2012년 29조 5,000억 원에서 2017년 53조

6,000억 원으로 5년간 무려 82%나 증가했다. 하루 1,500억 원씩 벌어들였다는 어마어마한 얘기다. 그러나 반도체 부문을 빼면 상황은 달라진다. 2012년 24조 9,000억 원에 달하던 영업이익이 18조 4,000억 원으로 되레 26%나 쪼그라들었다.

그러다 돌연 반도체 호황이 끝나면 어쩌나 하는 불안이 엄습해온다. 삼성전자가 감기 걸리면 대한민국은 폐렴 걸려 병원으로 줄줄 실려가야 할 만큼 그 위상이 압도적이라 불안감은 상당하다. 혹시 모를 승자의 저주(winner's curse)도 마찬가지다.

지금 스마트폰의 고성능화, 인공지능, 사물인터넷 등으로 메모리 반도체 수요가 폭증하고는 있다. 그러나 1년 전 지금 같은 반도체 호황을 예측한 전문가는 없었다. 가령 6개월이나 1년 뒤 메모리 반도체 시장 규모가 축소된다면 어떻게 될까?

잠시 타임머신을 타고 십여 년 전으로 돌아가 보자. 2000년대 초반, 미국의 MP3 플레이어 시장을 석권하던 아이리버(레인콤)는 소니를 비웃기라도 하듯 이런 광고 카피를 내세웠다.

Sorry Sony!
미안해, 소니

당시 우리 기업들은 욱일승천하면서 과다하리만큼 자신감에 넘쳐 있었다. 세계 최초로 MP3 플레이어를 상용화한 국가가 바로 한국이었으니 그럴 만도 하다.

되돌아보면 그때 깨달았어야 했다. 소니가 어떤 회사인가! 희대의 히트 상품 '워크맨 신화'를 창조한 회사다. 누구든 최고의 자리에 올라선 순간이 쇠퇴의 시발점이란 점을 잊지 말라.

애플(Apple)을 비롯해 구글(Google)과 아마존(Amazon)의 용트림이 과거 아이리버의 카피와 교차되면서 이런 생각이 눈앞에 아른거린다.

Sayonara Samsung!
잘가, 삼성

세계 시장을 석권하는 우리 글로벌 일꾼을 희화화할 의도는 전혀 없다. 업계를 향한 뼈아픈 농담쯤으로 받아주길 바란다.

Go Go, Fighting!
망하려면 오만해도 좋다!

● 전문가들은 모두 한목소리를 내고 있다.

"미래의 모바일 주도권은 하드웨어와 소프트웨어, 서비스를 누가 적시에 잘 조합해 고객 니즈를 충족시킬 것인가에 달려 있다."

반은 맞고 반은 틀린 말이다. 아니 틀린 게 더 많다고 생각한다. 어디로 떨지 모르는 개구리처럼 비선형(非線形) 세계로 무게중심이 옮겨가고 있는 오늘날, 사전에 고객 니즈를 철저히 파악해 제품을 개발하겠다는 논리는 뒷북 칠 가능성이 높아, 되레 생존을 걱정해야 할 처지에 놓일 수 있다.

"하늘을 나는 물체에 거금을 주고 올라탈 의향이 있습니까?" 따위의 물음은 비행기가 발명되기 이전엔 우문(愚問)일 뿐이다. 향후 고객의 니즈를 파악할 수 있는 건 하드웨어(디자인)가 유일할지도 모른다.

진퇴양난 아포리아(aporia)의 벽을 넘어 미래 최강 기업으로 남길 원한다면 지금부터 해야 할 일은 명명백백하다. 짜깁기식 벤치마킹이나 4차 산업혁명을 운운할 생각은 없다.

첫째, 글로벌 시장의 트렌드를 따르는 것이 아닌, 새로운 프레임을 창출하고 고객의 라이프스타일을 주도해 시장의 지배자가 되어라.

즉, 재빠른 추종자가 아닌 혁신 주도자로 나서라. 글로벌 시장이 발칵 뒤집히고 고객이 까무러칠 만한 제품을 만들어내야 한다. 그 어느 때보다 발상 전환과 창의력이 필요한 시기다.

둘째, 한바탕 휩쓸고 간 쓰나미 수습에 매달리기보다는 180도 다른 길이나 4차원 세계로 과감히 방향을 틀어라.

구글과 애플에 동조하거나 매달려봐야 또 2등이다. 스마트폰 이전과 이후 시대를 나눠 얘기할 만큼 시장 파괴력을 지닌 스마트폰이지만, 이젠 그 대세라는 스마트폰을 다른 대세로 갈아타야 할 시기가 멀지 않았다. 그와 동시에 조직이 하드웨어 중심 체질에 길들여지지 않도록 풍부한 창의력과 상상력을 가진 구성원을 육성해 새로운 역사를 준비해야 한다.

셋째, 어떤 경우든 경쟁을 억제하는 규제나 정책이 허용돼선 안 된다.

이건 간곡한 당부다. 개방이 아닌 폐쇄, 공유가 아닌 독점은 무덤에나 가지고 가라. 또한 대기업 혼자서만 배를 불리고 개발자는 하청, 노가다가 되는 갑을(甲乙) 공식은 폐기돼야 한다. 그래야만 애플이 앱스토어를 열었을 때처럼 개발자들이 자발적으로 몰려들고 전 세계 고객을 열광시킬 수 있다.

물론 실천 과정이 말처럼 쉽지 않음은 너무나 잘 알고 있다. 하지만 그건 미래 최강 기업, 생존 기업이 짊어져야 할 무거운 숙명이자 피할 수 없는 과제다.

현기증 날 만큼 세상이 급변하고 있다. 이제 창의적 사고와 혁신은 선택이 아닌 생존의 문제다. 우리 주변엔 혁신보다 안정을 중요시하는 개인과 조직이 많다. 그 이유는 너무나 잘 알고 있다. 솔직히 그게 편하기 때문이다. 하지만 그건 죽음보다 삶을 두려워하는 것과 다를 바 없다.

Are you OK?
3가지를 잡아라!

● 지난 1997년 말 대한민국은 6.25 전쟁 이래 가장 큰 위기를 맞았다. 이후 강산이 두 번 변하는 동안 우리 산업 생태계는 어떻게 바뀌었을까?

실로 허망하다. 5대 수출품만 두고 보면, 변한 게 하나도 없다. 반도체를 시작으로 자동차, 조선, 휴대폰, 석유 제품 등이 한국 경제의 주력 산업이다. 정부와 산업계의 창의적 혁신이 뒤따르지 않으면, 또 한 번 강산이 바뀌어도 주력 산업은 그대로일 수 있다.

5대 수출품			
순위	1997년	2007년	2016년
1위	반도체	자동차	반도체
2위	자동차	반도체	자동차
3위	조선	휴대폰	조선
4위	귀금속	조선	휴대폰
5위	컴퓨터	휴대폰	석유제품

《매일경제》 2017년 10월 22일자

이젠 고부가가치의 신산업 육성에 눈을 돌려야 한다. 컴퓨터와 인터넷으로 대표되는 3차 산업혁명에서 보았듯 '기회의 창'은 몇 년 안에 닫힐 수 있다. 신산업 육성을 위해 산업계와 정부가 발 벗고 나서야 할 때다.

4차 산업혁명 시대에 우리 정부와 산업계가 유심히 관찰하고 투자하고 협력해야 할 분야는 크게 세 분야라 판단된다.

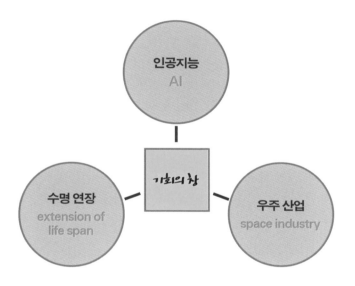

True winner?
진정한 승자는?

●앞서 거론한 세 산업에 하나씩 설명을 덧
붙여보자.

먼저, 인공지능이다.

2020년까지 일자리 710만 개가 줄고(세계경제포럼), 2033년 일자리의
47%가 사라지며(옥스퍼드대), 10년 후 국내 일자리의 60%가 인공지능
과 로봇으로 대체될 것(한국고용정보원)이라는 암울한(?) 전망들이 쏟
아진다.

인공지능으로 대표되는 4차 산업혁명은 전통적 일자리를 무너뜨리며
새로운 일자리와 '듣보잡(듣도 보도 못한 잡것)' 사회 질서를 요구한다.
인공지능이라는 불확실성에 맞설 준비를 서둘러야 한다. 눈뜨고 당하기
싫으면 말이다. 기계가 인간을 넘어서는 '특이점(singularity)'이 다가오고
있다.

다음으로 수명 연장이다.

"백세에 저 세상에서 날 데리러 오거든, 좋은 날 좋
은 시에 간다고 전해라."

한동안 〈백세인생〉이란 노래 가사가 사람들의 공감을 사면서 큰 인기를 누렸다. 수명 연장, 즉 장수는 인간의 가장 오래된 꿈이자 불멸의 과제다. 100세 시대는 결코 꿈이 아니다. 산업혁명 이전만 해도 인간의 평균 수명은 30세 전후였다. 문명 발달은 300년 만에 인간 수명을 3배나 늘리는 기적을 낳았다.

"인간의 수명 연장은 스타트업의 핵심 방향이 될 것이며, 정말 죽지 않는 삶이 실현될 수 있다고 본다. 그만큼 수명 연장에 대한 스타트업의 잠재력은 무궁무진하다." 세계적 미래학자 호세 코르데이로 교수의 주장이다.

호주 애들레이드대 과학자들은 인간의 평균 수명을 정확하게 예측할 수 있는 인공지능 시스템을 개발했다. 사망을 예측한다는 건 인간의 기대 수명을 연장할 수 있다는 의미이기도 하다.

구글 산하 기업 '칼리코'는 인간의 수명을 무려 500세까지 연장시키는 프로젝트를 진행 중이다. 생명 연장과 동시에 노화 방지, 질병 퇴치를 꿈꾼다. 애플과 아마존 등도 노화 원인을 찾아 인간 수명을 늘리겠다며 IT-바이오 프로젝트를 시작했다.

이대로 간다면 생자필멸(生者必滅)이란 불변의 명제가 조만간 불로장생(不老長生)을 거쳐 영생불사(永生不死)가 될지도 모른다. 죽고 싶어도 죽기 쉽지 않은 시대가, 우리가 겪게 될 세상이다. 수명 연장에 수만 배 비례해 그 시장도 커지고 있다. 명심하라. 이제 장수는 태어나는 게 아니라 만들어지는 거다.

마지막으로 우주 산업이다.

"땅바닥보다는 별을 올려다보며 우주 속에서 우리가 사는 세상에 대해 생각해보고 우주를 이해해보기를 희망한다."

이제 고인이 된 천체 물리학자 스티븐 호킹 교수가 24세 때 쓴 박사학위 논문을 공개하면서 덧붙인 메시지다. 눈을 우주로 돌릴 때 비로소 인류는 생존을 보장받을 수 있다는 호킹 교수의 주문이다.

우주 산업은 일반인에겐 매우 생소한 영역이다. 지금껏 우주 산업은 국가 주도의 고비용 및 대규모 프로젝트(로켓, 위성 등)를 통해 발전돼왔기 때문이다. 그러나 세계 유력 기업들은 이미 오래전부터 우주에 주목하며 투자를 게을리하지 않고 있다.

또 4차 산업혁명의 개막으로 소규모 벤처기업에게도 우주 산업에 대한 기회의 창이 열리고 있다. 우주 산업은 국가 안보는 물론 미래 고부가가치 산업이다.

앞의 인공지능과 수명 연장, 우주 산업은 그 성격상 서로 영향(기술)을 주고받는 관련 산업이자 연쇄 산업이다. 국가와 산업계가 혼연일체가 돼 그 육성에 힘을 쏟아야 할 분야다. 물론 바늘 허리 실 매듯 해서는 안 된다.

명심하라. 선발우위(先發優位)요, 선수필승(先手必勝)이다. 먼저 창조해 시장에 진입하면 반드시 이긴다. 냉혹하게도 '승자독식(勝者獨食)'이다. 해당

분야에서 승리한 자가 시장을 모조리 쓸어가 버린다
(The winner takes all).

　우리는 머지않아 경험해본 적 없는 국가 간 불평등을 목격하게 될 것이다. 눈뜨고 볼 수 없는 참담한 수준일 수 있다.

Think
Critically

1
주류 세력의 원칙에 동조하거나 편승하기보다는
그 원칙을 무시한 채 과감히 도전하고 치열히 경쟁하라.

2
창의적인 뭔가를 들고 불현듯 시장에 튀어나올
전혀 생소한 존재를 경계하라.

3
선발우위(先發優位)요, 선수필승(先手必勝)이다.
먼저 창조해 시장에 진입해야 이긴다.
이어 승자독식(勝者獨食)이다.
승자가 시장을 모조리 쓸어버린다
(Winner takes all).

고정관념을
깨는 지도

02

"어, 이상하다. 이게 어디지?"
"한국과 일본이지."
"일본 땅을 한국보다
위에 오게끔 만든 지도잖아?"

그렇게 한국인들은 반일 감정을 표출한다.
하지만 이건 고정관념을 깨자는 취지로 만든 지도다.

●

창의력에
목을 매는 까닭

?

· 창의력: 873만 건
· Creativity: 4억 7,100만 건
· 創意力: 1,190만 건
− 2018년 3월 기준 구글의 검색 결과치

知之者 不如好之者, 好之者 不如樂之者
지지자 불여호지자, 호지자 불여락지자

이 말은 '아는 사람은 좋아하는 사람만 못하고, 좋아하는 사람은 즐기
는 사람만 못하다'라는 뜻이다.《논어》의 '옹야편(雍也篇)'에 나온다. 평소
자신이 하는 일을 재미없어 하거나 못마땅하게 여기는 사람 치고 성공한
사람을 찾아보기 힘들다. 실제로 자신의 일을 진정으로 즐길 수 있을지
그 여부는 성과에 지대한 영향을 미친다.

일찍이 토인비(Toynbee)는 이런 얘기를 했다.

"최고의 성취는 일과 놀이의 경계를 허무는 것이다."

그 울림이 크다. 일과 놀이 사이에 경계가 없다면 그 산출물은 우리의 상상을 초월하는 수준이 될 것이다. 다른 표현을 빌리자면, 두뇌의 생산성이 가장 높을 때는 평소 자신이 좋아하는 일을 할 때다. 공부를 열심히 하는 사람보다 무언가에 빠져들어 즐기는 사람이 더 나은 결과를 만들어 내는 건 이런 이유에서다.

樂之者 不如創之者
낙지자 불여창지자

한걸음 더 나아가 '즐기는 사람은 창의력을 가진 사람만 못하다'는 게 필자의 지론이다. 타고난 엘리트를 이기는 사람은 노력하는 사람이고, 노력하는 사람을 이기는 사람은 즐기는 사람이며, 즐기는 사람을 뛰어넘는 사람은 바로 '창의력'을 가진 사람이다.

창의력은 우리의 노력 여하에 따라 언제 어디서건 수위 조절이 가능하다. 인간이 전적으로 통제할 수 있는 유일한 게 있다면 그건 바로 자신의 생각이기 때문이다.

탁월한 업적을 일궈냈거나 생존력이 출중한 사람의 특징은, 맡은 일과 창의력이 뒤섞여 구별이 되지 않는 '무(無)경계' 인간이다. 대체적으로 이런 사람은 시공(時空)을 초월해 생각하고 일한다. 그러면서 승리의 여신을 자기편으로 만들어간다.

Creativity
창의적 발상의 순간!

●창의력이란 무엇인가? 사전에는 창의력을 '새로운 것을 생각해내는 능력과 힘'이라고 정의하고 있다.

지구상에 존재하지 않는 무엇인가를 새롭게 창출하고 가치를 부여한 다는 건 너무나 힘들면서도 소중한 작업이다. 또한 기존 사고와 사물을 재구성(재해석)하고 결합(융합)하는 능력도 창의력의 중요한 부분이다. 이를테면 이런 거다.

- ○○라는 발상을 한다.(테제)
- ○○의 정반대인 ××라는 발상을 한다.(안티테제)
- ××와 ○○를 결합한 제3의 발상을 도출한다.(진테제)

이는 헤겔(Hegel)이 설파한 변증법적 논리와 사고를 재구성해 진일보 한 또 다른 발상의 길로 나아가자는 거다. 온갖 갈등과 진통을 맛보더라 도 결국엔 탁월한 발상으로 이어질 수밖에 없다.

그렇다면 창의력은 왜 필요한 것일까? 이게 대체 무엇이기에 온 나라 가 소란을 떠는 걸까?

창의력은 21세기의 유일한 경쟁력이자 생존 조건이라고 하니까? 창의력 함양은 인성과 함께 교육의 본질이라고 하니까? 이젠 지식 기반 사고보다 창의융합 사고가 더 중요하다고 하니까?

모두 맞는 말이다. 하지만 그런 이유만으로 막연하게 창의력을 갖길 원하거나 창의력 표출 그 자체를 목표로 하는 경우는 없다. 필시 어떤 까닭과 합당한 목적이 있을 터이다.

먼저 개인의 경우를 살펴보자.

직장 생활 20년차! 위에서 눌리고 아래에서 치고 올라오는 상황이다. 그동안 쉼 없이 폭주 기관차처럼 앞만 보고 달려왔다. 남들은 팽팽 노는데 나만 뼈 빠지게 일을 한 것 같아 억울하기도 하다. 그간 쌓아온 내공도 이제 서서히 밑천을 드러내고 있다. "벌써 이러면 안 되는데…" 하면서도 가급적 스트레스와 위험은 피하며 보신주의적인 자세로 정년을 맞는 게 유일한 소망이다.

하지만 모든 것이 내 마음 같지가 않다. 불황이 길어지면서 회사에서는 좋은 아이디어를 내놓으라고 안달이다. 구체적으론 '5년 뒤에 혜성처럼 등장해 10년 뒤 시장을 석권할 아이템'을 요구한다. 심정 같아선 스펙을 쌓는다는 핑계로 당장 때려 치고 1년 정도 푹 쉬고 싶지만, 마누라와 자식들이 자꾸 눈에 밟힌다. 현재로선 속이 불편해도 직장에 발을 담그고 버티는 게 합리적인 선택이다.

이런 압박과 위기감 속에서 자신을 되돌아보면, 영어 하나 빼고는 딱히 자기계발을 위해 투자한 시간은 없었다. 어떻게 해서든지 삶의 고갈에서 벗어나 새로운 돌파구를 찾아야 한다.

이와 같은 사람에게 먼저 요구되는 건 처절한 자기 변화다. 변화의 방법에는 두 가지가 있다. 하나는 평소 껍데기(외양)에 걸쳐오던 옷을 다른 걸로 바꿔 입는 단기적 임시방편이고, 다른 하나는 내용물(콘텐츠)의 주성분을 모조리 교체하는 장기적 근본책이다.

진정 새로운 돌파구를 원한다면, 콘텐츠 주성분의 완전한 교체가 필연적이다. 그건 통념을 뒤집는 발상과 창의력이라는 길을 통해서만 닿을 수 있다. 조직(기업) 또한 예외는 아니다.

현상 유지의 두려움

과거의 달콤한 성공에 취해 현상 유지에 급급하다 불현듯 2류로 전락할지 모른다는 위기감

불투명한 미래

글로벌 환경 변화로 기존 방식과 전략이 더 이상 미래를 보장하지 못할 거라는 불안감

막다른 골목

돈은 제때 돌지 않고, 매출 그래프는 하향 곡선을 그리고, 시장마저 극심한 불황인 진퇴양난의 상황

난파 직전에 몰려야
굼뜬 몸을 움직이려 하고,
벼랑 끝에 서야
　　　비상을 꿈꾸는 게
인간의 본성이다.

이쯤 되면 CEO는 물론, 구성원 모두 극도의 긴장 모드에 돌입한다. 솔직히 단군 이래 기업에게 위기가 없었던 때가 있었던가. 그러나 이번만큼은 달리 느껴진다. 마침내 경영진은 무거운 얼굴로 입을 뗀다.

"성능과 디자인 면에서 경쟁자를 압도할 만한 제품을 만들어라. 물론 가격도 저렴해야 한다."

성능도, 디자인도 뛰어나고 더해 가격마저 싸야 한다고? 과연 그런 제품이 존재하기는 한 걸까?

"모순이 많은 사람일수록 많은 업적을 남긴다"는 철학자 니체. "세상의 모든 문제는 모순에서 출발하고 그 모순을 극복하면 창조로 이어진다"는 트리즈 이론의 창시자 겐리흐 알트슐러의 설파가 때론 위로가 된다. 그러나 이건 해도 해도 너무하다. 한마디로 뒤로 까무러칠 지경이다.

그래도 어쩌겠는가! 경영진들이 '회사를 나가든지, 좋은 제품을 만들어 내든지' 무언의 시그널을 보내며 목을 조여온다. 지금까지는 운 좋게 버텨 왔지만 과거 연장선에선 뭐 하나 제대로 이룰 게 없다는 절박감 속에서 구성원들이 떠올린 게 있다. 그것은 다름 아닌 발상의 전환, 즉 더욱 창의적으로 사고하고 일하자는 것이다.

난파 직전에 몰려야 굼뜬 몸을 움직이려 하고, 벼랑 끝에 서야 비상(飛上)을 꿈꾸는 것이 인간의 본성이다. 절체절명의 상황 속에선 각설탕 하나로도 호수를 달콤하게 만들 창의적이고 탁월한 아이디어가 쏟아진다.

실제로 창의적인 아이디어가 잘 떠오르는 경우는 앞에서 말한 것처럼 최악의 상황에 내몰려 있거나 반대로 어떤 문제로부터 완전히 해방되었을 때다.

위기의식의 부재나 시답지 않아 보이는 것을 다루고 있을 때는 좋은 아이디어가 잘 떠오르지 않는 법이다. 개인이든 조직이든 모두 '변화의 필요성과 위기'라는 타율적 요인이 창의력 발휘의 큰 동인(動因) 가운데 하나임은 분명하다. 다만 지나친 위기 조성은 일시적 고통에서 벗어나고자 처방되는 모르핀 주사와 크게 다르지 않다는 점도 명심하라.

Think Critically

1
일과 창의력이 뒤섞여 구별이 가지 않는
무경계 인간으로 태어나라.

2
변증법적 논리와 사고를 거듭하고 재구성하여
탁월한 발상의 길로 나아가라.

3
통념을 깨는 발상과 창의력이라는
길을 통해서 진정한 변화를 이룰 수 있다.

책은
절대 망치다

세상이라고 하는 철벽에 성공이라는 대못을 박으려면,
창의력이라는 절대 망치가 필요하다.
당신은 아는가?
이 망치는 **책**이라는 **지혜의 샘**에서 만들어진다는 것을.

프란츠 아이블(Franz Eybl), 〈책 읽는 소녀〉(1850)

창의력을 지탱하는
5대 기둥

책을 읽지 않는 사람은 한 번의 인생을 살지만
책을 읽는 사람은 여러 번의 인생을 삽니다.
체코 태생의 소설가 밀란 쿤데라(Milan Kundera)

창의력은 어떻게 계발해야 합니까?

창의력은 누군가가 잃어버린 걸 걷다 운 좋게 줍는 습득물이 아니다.
퇴근길에 편의점에서 산 로또처럼 행여 당첨되길 바라서도 안 된다. 창의
력은 우리가 삼시 세끼 꼬박꼬박 밥을 챙겨 먹는 것과 다름없는 일상이
다. 창의력 계발 노하우는 전문가의 수만큼이나 다양하다. 구체적 방법론
이나 관련 기법이 필요하다면 책이나 인터넷을 통해서도 얼마든 습득할

수 있다.

식물 생장엔 필요 불가결한 열 가지 원소가 있다. 탄소(C), 수소(H), 산소(O), 질소(N), 인(P), 유황(S), 칼슘(Ca), 마그네슘(Mg), 칼륨(K), 철(Fe)이 바로 주인공이다. 마찬가지로 창의력이라는 인류 최고의 산물이 생장하고 꽃을 피우는 데도 불가결한 요소가 존재한다. 그 핵심 요소는 아래의 다섯 가지다.

$$창의력(C) = f(k, m, d, c, t)$$

- 지식(k): knowledge
- 동기유발(m): motivation
- 다양성(d): diversity
- 동심(c): child's mind
- 기법(t): technique

앞의 다섯 가지 외에도 창의적 아이디어를 떠올리기 위해선 인간이 직접 소유하거나 구비한 다양한 능력과 감정, 환경 등이 요구된다. 여기에선 창의력을 꽃피우는 데 없어서는 안 될 다섯 가지 요소에 대해서만 조명해본다.

창의력 계발을 위한 요소 **하나**, 지식

맨땅에 헤딩하는 것만으로 깨달음을 얻을 수 없듯 양질의 폭넓은 지식 흡수 없이 창의적 아이디어를 기대하는 건 좌정관천(坐井觀天)이다. 기발한 발상을 위해선 무엇보다 넓고 깊은 형태의 지식 축적이 선행돼야 한다.

창의력 계발을 위한 요소 **둘**, 동기 유발

자의든 타의든 어떤 이유로 삶의 코너에 몰리거나 기발한 아이디어에 대해 합당한 보상이 따르면, 개인과 조직은 자연스레 자극에 노출되면서 동기 유발로 이어진다.

창의력 계발을 위한 요소 **셋**, 다양성

건강한 신체를 위해선 편식을 지양해야 하듯 발상의 균형을 위해서도 동서남북을 아우를 수 있는 다양성이 더없이 중요하다. "만약 세상에 도구가 망치밖에 없다면 모든 문제를 못으로 보는 성향을 띠게 될 것이다"고 한 욕구 5단계설의 주창자 매슬로(Maslow)의 말을 되새겨보라.

창의력 계발을 위한 요소 넷, 동심

기성세대의 경험과 편향된 지식은 무수한 고정관념을 만들었다. 그걸 허물 수 있는 강력한 도구가 바로 아이의 마음이다. 동심은 창의적 아이디어에 발동을 거는 호기심의 출발지다.

창의력 계발을 위한 요소 다섯, 기법

발상엔 영문법 5형식과 같은 정해진 규칙은 없지만 그에 이르는 지름길은 존재한다. 단순한 한 자릿수의 덧셈, 뺄셈에서도 틀리는 경우가 있다. 그럼에도 곱셈은 거의 틀리지 않는다. 왜일까? 구구단을 암기하고 있어서다. 그 구구단이 바로 기법이라 보면 된다. 기법에는 브레인스토밍을 시작으로 브레인 라이팅, 마인드 맵, 트리즈 등 무려 100여 가지나 존재한다.

이러한 다섯 가지 요소가 가진 고유 기능이 유기적 조화를 이룰 때 가장 탁월한 창의력을 꽃피울 수 있다. 이 중에 한 가지라도 제대로 기능을 하지 못하면 다른 요소가 충분하더라도 창의력은 균형을 잃는다.

Leader=Reader
읽은 책의 덩어리가 바로 당신이다!

●'지식'의 실체는 무엇인가? 지식은 창의력의 꽃을 피우는 데 가장 중요한 요소다. 그런 지식은 반드시 무언가를 지불해야만 체득할 수 있다. 지식은 사용할수록 다듬어지고 확대된다. 다만 막연하거나 쏠린 지식은 창의력의 생장을 방해할 수 있다. 지식 축적을 통해 창의력으로 가는 노하우 두 가지를 제시한다.

첫째, 양질의 폭넓은 지식을 흡수해야 한다.

'Garbage In, Garbage Out(GIGO)'이라는 말이 있다. 이는 불완전한 것(쓰레기)을 입력하면 불완전한 답(쓰레기)이 나올 수밖에 없다는 걸 가리킨다. 마찬가지로 우리 두뇌가 깊고 넓은 지식을 듬뿍 흡수하면 그 두뇌로부터 표출되는 것 또한 고품질의 다양한 사고라는 뜻이다.

채워지지 않은 백지 상태에서도 간혹 아이디어가 나오기는 하지만 그걸 보석과도 같은 창의적 아이디어로 다듬기 위해선 지식 흡수가 필연적이다.

광고 전문가인 칼 엘리(Carl Elie)는 "창조적이려면 만물박사가 되어야 한다. 새로운 발상을 위해 어떤 지식이 언제 이용될지 알 수 없기 때문이다"고 말하며 지식의 중요성과 그 가능성을 설파했다. 우선 많이 배우고 익혀야 한다. 그것이 쌓이고 쌓이면 창의적 아이디어와 점점 가까워질 수 있다.

둘째, 타인 지식에다 자신의 것을 융합해 시너지 효과를 창출한다.

창의력은 혼자 방콕(방안에 콕 틀어박혀)해서 머리를 억지로 비틀어 짜내는 기름이 아니다. 그래 봤자 잔머리 수준을 넘지 못한다. 발상에 증폭 현상을 불러오려면 다른 사람이 가진 지식을 자신의 것으로 흡수해야 한다. 그 방법엔 여러 가지가 있지만 가장 대표적인 것은 당사자를 직접 만나 대화를 나누는 것이다. 강의를 듣거나 그 사람이 쓴 글을 읽는 것 역시 큰 효과를 얻을 수 있다.

앞에 제시한 두 가지 방법을 가장 손쉽게 실천할 수 있는 비결이 하나 있다. 그건 다름 아닌 독서다. 이 세상에 1만 원 남짓 투자하여 적게는 10만 원, 아니 그 이상의 효과를 얻을 수 있는 것이 무엇이 있을까? 독서 외에는 없다. 이 얼마나 경제적이고 효율적인가! 책을 사서 읽는 건 분명 남는 장사다. 아니, 아주 크게 남는 비즈니스다.

생각해보라. 책의 저자는 해당 분야의 전문가다. 길게는 수십 년, 짧게는 수년 동안 연구와 사유와 경험을 통해 응축한 전문가의 지식을 한두 시간 만에 터득할 수 있다는 건 축복이다. 그런 내용이 200쪽 내외의 책 한 권에 고스란히 녹아 있다. 책은 한 사람의 사고를 변화시키고 나아가 인생까지 바꾼다. 독서는 창의적 자아를 찾아가는 길이라 해도 과언이 아니다. 누군가는 "창의력은 선천적인 것이 아니라 노력을 습관화하는 데서 싹튼다"고 말했다. 노력을 습관화하는 것은 바로 정기적인 독서 습관이 아닐까 한다.

당신이 읽은 책은 언젠가 꽁꽁 얼어 있는 당신의 고정관념을 녹이고 깨트리는 뜨거운 망치 역할을 한다. 책은 생각하는 힘을 길러준다. 창의력은 당신이 가진 지식의 이해 위에 존재한다. 책 한 줄 읽지 않고서 창의적 사고를 기대하거나 급변하는 미래를 준비한다는 건 실로 허망한 일이다.

세계 최고의 자산이자 우리의 자랑스러운 문화유산 한글! 한글을 만든 세종대왕은 궁궐 안에서 누구도 말리지 못할 정도로 지독한 독서벽을 가지고 있었다. 또한 영조의 탕평론을 이어받아 왕정 체제를 강화하고 위민 (爲民) 정치를 실현하고자 한 정조 역시 엄청난 독서광이었다고 한다. 책을 너무 많이 읽어 어머니인 혜경궁 홍씨가 말릴 정도였다고 한다.

그렇다면 서양은 어떨까? 역사상 가장 창의적 CEO로 평가받았던 애플의 스티브 잡스 또한 잘 알려진 독서광이었다. 마이크로소프트 창업자 빌 게이츠는 어린 시절부터 독서광이었으며 "나에겐 하버드대 졸업장보다 소중한 게 독서다"라고 했을 정도다. 베스트셀러 작가 토머스 콜리는 자수성가형 백만장자 233명을 분석했는데, 그중 85%는 한 달에 두 권 이상의 책을 읽는다고 했다.

이들처럼 창의력으로 똘똘 뭉친 리더(leader)가 되려면 무엇보다 책을 가까이하는 리더(reader)가 돼야한다. 독서는 아는 만큼 보이게 해주는 창의력으로가는 위대한 길잡이다.

마지막으로 철학자 데카르트가 한 말이다. 천천히 곱씹어 보면 좋을 듯하다.

"좋은 책을 읽는 것은 과거의 가장 뛰어난 사람들과 대화를 나누는 것과 같다."

Think
Critically

1
창의력을 떠받드는 5대 기둥은
지식, 동기 유발, 다양성, 동심, 기법이다.

2
지식이라는 거름을 주어야
창의력이라는 씨앗이 발아된다.

3
창의력은 **독서라는 노력을 습관화**하는 데서
가장 자연스럽게 분출된다.

수평적 사고의
중요성

04

"My Butt is Big."
"내 엉덩이는 크다."
말대로 정말 큼지막하다.
"그걸 경멸한다면 와서 내 엉덩이에 키스나 해라."

Just Do It!

당신 두뇌의
야생도를 묻는다

!

당신 의견이 유별나다고 위축되지 마세요.
지금 세상이 인정하는 의견들은
한때 이상하다고 생각되었던 것들이랍니다.
노벨문학상 수상자 버트런드 러셀(Bertrand Russell)

당신 두뇌는 얼마나 야생적인가?

인간의 대표적 이중성으로 뭘 꼽겠는가? 다른 사람을 시험대(test bed)
에 올리는 일엔 손뼉을 치며 환호성을 지르지만, 정작 자신이 그 시험대
의 주인공이 되는 것엔 질색하는 모습이 아닐까! 그런 당신을 지금부터
시험대 위에 올린다.

'당신 두뇌는 얼마나 야생적인가?'

근래 다양한 시험(면접)에서 응시자들의 수평적 사고를 평가하기 위한 페르미 추정식의 창의력 테스트가 하나의 관문이 되고 있다. 오늘날 많은 조직과 기업은 주구장창 스펙만 쌓으며 통념적인 것에 길들여진 인재가 아닌, 대자연의 거칠고 원초적 인재를 원한다. 번뜩이

폴 고갱, 《맞아이 있는 풍경》(1892)

는 창의력만 있으면 자신의 능력을 펼칠 기회는 무한하다.

당신 두뇌의 야생도(野生度)를 테스트하기 위해 열 가지 질문을 한다. 일부는 기출문제라 이미 접해본 적이 있을 수도 있다. 만약 과거 접한 질문이 있다면 이전과 전혀 다른 창의력 넘치는 대답을 해보라. 간혹 정답이 없는 것도 있다. 절대 푸념하거나 황당해하지 말라. 고정관념을 내던진 당신만의 독창적 대답을 듣고 싶은 거다.

정상은 하나일지라도 그에 이르는 길은 무수하다는 걸 잊지 말라. 또한 가지 당부할 게 있다. 절대 먼저 답을 봐서는 안 된다. '정답 찾기'에만 몰입한 나머지 독창성을 상실한다는 건 실로 안타까운 일이다. 정말 중요한 건 정답이란 이름으로 꾸며놓은 필자의 단견이 아니라 당신만의 독특

한 생각이다. 그럼, 시작한다.

1. 주어진 지문을 잘 읽고 아래 물음에 답하라.

깡마른 한 청년이 감기로 침대에 누워 있다. 얼굴엔 피곤한 기색이 역력하다. 고통스러운 듯 연신 이마에 손을 가져다 대고 있다. 머리맡에 놓인 <u>약봉지</u>엔 녹색 알약 1개와 붉은색 알약 2개가 있다. 그 알약 중간에 새겨진 '<u>20</u>'이라는 숫자가 유난히 돋보인다. 열린 창밖에선 <u>소가 고개를 좌우로 흔들고, 개가 사납게 짖어대며, 큼직한 말벌 떼가 이리저리 요란스럽게 몰려다닌다.</u>

이 청년의 병명(病名)은 무엇일까? 3초 안에 대답하라.

2. 한국인의 큰 증오의 대상이 되면서 패가망신하는 촌철살인(寸鐵殺人)의 멘트 하나를 떠올려보라.

3. 대한민국에 있는 전봇대 수는 몇 개나 될까?

4. 영어 알파벳 26자 가운데 13자를 다음과 같이 네 그룹으로 분류했다.

①A, M
②B, C, D, E, K

③ H, I

④ F, G, J, L

앞의 네 그룹의 분류 패턴을 알겠는가? 그렇다면 나머지 알파벳 13자도 ①~④의 각 그룹으로 분류해보라. (힌트: 알파벳 모양에 주목하라.)

5. 현종과 양귀비가 북경 외곽의 한 별장 마룻바닥에 쓰러져 있다. 그 옆엔 깨진 수조(bowl)가 하나 놓여 있다. 이들의 몸엔 아무런 상처도 없고, 독약에 중독된 흔적도 없다. 둘은 어떻게 죽은 걸까?

6. 삼각자의 가운데 부분은 왜 뚫려 있을까?

7. 당신은 지금 버스에 앉아 있다. 그때 임산부, 다리를 다친 학생, 할아버지, 짐이 많은 아주머니가 동시에 다가왔다면 누구에게 먼저 자리를 양보할 건가? 그 이유는?

8. 사진에 주목하라. 맨홀 뚜껑은 왜 둥글게 생겼을까?

9. 지구촌에서 맛(味)이 사라진다면 어떤 일들이 벌어질까?

10. 엄마는 열 달 동안 고생을 해 아이를 낳았다. 그런데 그 아이는 형도, 누나도, 남동생도, 여동생도 아니란다. 그럼 대체 그 아이는 누구일까?

갑작스런 뇌의 폭식으로 배탈이 나지는 않았는가? 말도 안 되는 문제도, 제법 머리를 굴려야 하는 까다로운 문제도, 정답 따윈 존재하지 않을 법한 문제도 분명 있다.

창의적인 답을 찾아가는 중 뻑뻑하던 머리가 어느 순간 말랑말랑 부드러워졌을지도 모른다. 앞의 문제들로 인해 당신은 충분히 두뇌 운동을 했을 거라 믿는다. (앞의 질문에 대한 답변은 책을 읽다 눈이 피곤할 무렵 등장하는 'Coffee Break'에 있다.)

영국의 심리학자 에드워드 드 보노(Edward de Bono)는 얘기한다.

"우리 인간의 사고엔 수직적 사고(vertical thinking)와 수평적 사고(horizontal thinking)가 있다."

수직적 사고를 하는 사람은 매우 논리적이며 합리적이다. 이 때문에 논리학이나 수학, 물리학과 같은 분야에서 상당한 소질을 보인다고 한다. 어쩌면 우리에게 매우 익숙한 사고방식이라 할 수 있다.

반면, 수평적 사고를 하는 사람은 공상적이며 추상적인 면을 가진다. 따라서 직관이나 상상력을 필요로 하는 분야에서 능력을 발휘할 가능성이 크다. 글을 쓰는 작가나 예술가는 주로 '수평적 사고'를 한다. 이런 수평적 사고는 유머와 통찰 그리고 창의력과 많은 관련이 있다.

앞서 던진 열 가지 질문은 수평적 사고를 기르기 위한 전형적 문제다.

수평적 사고에 무게중심을 둘수록 더 많은 창의적 답변을 내놓을 수 있었
으리라!

　창의력은 더 이상 욕망에 머물지 않는다. 세상을 살아가게 하는 생존
도구다.

Think
Critically

1

고정관념을 내려놓아야
그 손으로 창의력을 집어 들 수 있다.

2

이따금 수평적 사고를 위한
유쾌한 놀이를 즐겨 보자.

당신이라면
투자했겠는가

05

"Would you have invested?"
"당신이라면 투자했겠습니까?"라고 묻고 있다.
모조리 언더그라운드의 록 밴드 멤버처럼 보인다.

이 낡은 사진 속의 주인공들은
모두 누구일까?

물재(物材)나
부속품으로
취급받는 인재

글쓰기, 세상에서 가장 창의적인 노동

대학 4년 동안 배워야 할 것 하나를 꼽으라고 한다면, 필자는 주저 없이 '글쓰기'를 들고 싶다. 글을 쓴다는 건 자신만의 생각을 고스란히 담아 표출하는 가장 훌륭한 도구다. 또한 비판적 사고와 다양성을 키우는 데 글쓰기만큼 좋은 훈련은 없다.

물론 전공 과목과 외국어 공부도 소홀히 해서는 안 된다. 하지만 순위

로 정한다면 이것들은 글쓰기 다음이다.

글쓰기는 노동, 세상에서 가장 창의적 노동이다. 글을 쓰기 위해선 먼저 무거운 엉덩이와 깨인 머리가 필수적이다. 또한 글을 쓰려면 많은 책을 읽어야 한다. 이 과정 중에 폭넓은 지식을 자연스레 섭렵하게 된다.

글쓰기는 우물물과도 같다. 두레박으로 퍼내면 퍼낼수록 샘솟는다. 반면 관심을 가지지 않고 버려두면 금세 말라버린다. 우물물은 퍼내지 않으면 결코 고이지 않다. 두레박으로 퍼내는 것이 글쓰기라면 땅 밑에서 샘솟는 것은 창의적 사고다.

하지만 우리 교육은 이런 사실을 망각하고 거꾸로 가고 있다. 대학에 입학하기 무섭게 외국어 배우기를 강요받는다. 또한 전공 공부를 한다고는 하지만 이는 자연스러운 학습이 아닌, 학점 관리에 가깝다. 그 관리 또한 평이한 수준이다. 전국 4년제 대학 재학생들의 70%가 B학점 이상인 것만 봐도 그 현실을 알 수 있다.

상황이 이렇다 보니 많은 학생이 글쓰기 중요성에 대해 제대로 인식하지 못하고 있다. 따라서 글을 써야 하는 일이 생기면 자신의 독창성이나 진정성과는 무관하게 인터넷에 떠다니는 글을 퍼 나르기 바쁘다. 작금 우리 젊은이들의 자화상이다.

필자가 H그룹 연구소에 근무할 당시 얘기다.

매년 추위가 몰려갈 즈음이면 새로운 얼굴이 사무실 곳곳에 등장한다. 모두 신입 직원들이다. 신출내기들이 등장하면 기존 직원들은 덩실덩실 어깨춤이라도 추고 싶은 심정이다. 자신의 일을 덜어줄 이른바 따까리(?)가 생겨서다. 그러나 그것도 잠시, 기존 직원들의 불평은 휴게실 담배꽁초 수만큼이나 꼬리에 꼬리를 물고 연기처럼 피어오른다.

"왜 저런 친구를 뽑았는지 모르겠어!"
"우리 회사 채용 시스템에 무슨 문제라도 있는 거 아냐?"

유명 대기업의 바늘구멍을 통과한 사람이라면 어디에 내놓아도 뒤지지 않는 이른바 글로벌 인재라 생각하기 십상이다. 하지만 그런 기대감과는 달리 현업에 배치된 신입 직원들이 종종 배신을 때린다.

불확실한 환경 속에서 돌연 표출되는 각종 난제(難題)를 해결하기 위해선 창의력이나 상상력, 순발력 등이 요구된다. 하지만 회사의 기대와는 전혀 딴판이다.

상당수 사람이 대학에 다니는 동안 빡빡하게 짜인 시간표대로 숨 가쁘게 앞만 보고 내달린다. 뒤처질까 봐 두려워 제대로 된 연애 한 번 하지 못해 사회적 지능은 물론 감성까지 메말라가는 모습을 보인다. 그러는 동안 이들은 높은 학점과 어학 점수 등으로 겉만 그럴듯하게 포장된 인재(?)로 변신해간다.

하지만 요즘 기업들은 스펙만을 보고 직원을 채용하지 않는다. 21세기 인재의 필수 조건은 바로 창의력이다.

기업의 미래는 그런 인재를 얼마나 보유하고 있느냐에 따라 달라질 수 있다. 그런 확신에 근거해 창의력과 의욕이 넘치는 직원을 선발하기 위해 기업은 갖은 방법을 동원한다.

이제는 스펙이나 학벌로 포장된 온실형 인재보다는 진취적이고 창의적 사고를 가진 야생형 인재가 이 사회에 필요하다.

들고 일어서라! 야생형 인재들이여!

Spec. syndrome
스펙의 탐구

●스펙에 관한 잠깐의 고찰! 우리 젊은이들이 '스펙 증후군'에 몸살을 앓고 있다. 대학에 입학만 하면 인생이 순풍에 돛 달듯 순조로울 것이라 생각했건만 졸업을 앞둔 시점에 떡하니 자신 앞에 버티고 서 있는 '취직'이란 녀석 때문에 마음을 졸인다. 이 난관을 뛰어넘으려면 자신이 원하든 원하지 않든 기업이 요구하는 이른바 '기본 스펙'을 충족시켜야 한다. 이는 기업으로부터 요구받은 것이 아니라 애당초 '이 정도는 되어야지!' 하는 자격지심에서 출발했다.

스펙(Spec)은 Specification의 줄임말로, 본시 제품이나 물건의 '사양 (仕樣)'이란 뜻이다. 이런 단어가 버젓이 사용되고 있다는 건 극단적으로 우리 사회가 인재를 물건이나 제품, 부속품 정도로 취급한다는 의미다. 인재(人材)가 아닌 물재(物材)들에게서 어찌 제대로 된 창의력이나 상상력을 기대할 수 있겠는가! 기업들은 이렇게 주장한다.

"계량화된 스펙을 가진 사람이 아니라 일 잘하는 인재를 원한다."

한마디로 학점과 토익 성적이 우수한 사람을 굳이 마다하지는 않겠지만, 그렇다고 가중치를 두지는 않겠다는 주장이다. 참으로 일리 있는 말이다. 허나 사회 경력이 전무한 취업 예비생이 기업에 들어가 일을 잘 할지, 못할지를 어떻게 사전에 판단할 수 있다는 말인가! 결국 객관성과 투명성을 지닌 스펙이 가장 큰 잣대가 될 수밖에 없다.

달달 외워 짜 맞추는 능력이라면 인간은 인공지능을 이길 수 없다. 창의력과 상상력 같은 인공지능과 차별화하는 능력을 가진 사람만이 훨씬 더 큰 경쟁력과 생존력을 가진다. 세상은 급변하는데 시대와 동떨어진 스펙에 매달려 시간을 낭비해서야 되겠는가!

일부 전문가는 인공지능의 발달로 10~15년 뒤엔 개인별로 평생 30~40개의 직업에 종사할 거라는 예측을 내놓는다. 매년 한 번씩 직업을 바꿔야 한다는 얘기다. 이제 개인과 조직, 사회의 근본적 변화가 필요한 시점이다.

Think
Critically

1
창의력과 비판적 사고, 나아가 다양성을 키우는 데는
글쓰기만큼 좋은 훈련도 없다.

2
인재의 필수조건은 **창의력**이다.
기업의 미래는 그런 인재의 보유 여하에 달려 있다.

3
아이디어는 무언가에 **구애받지 않는** 삶과
공간 속에서 솟구친다.

혼돈 너머에
존재하는 것은?

06

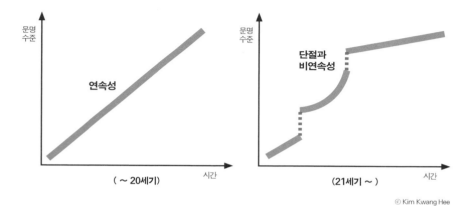

© Kim Kwang Hee

혼돈과 질서란?

"질서 배후에는
인간 지식을 넘어선 '혼돈'이 숨어 있다.
나아가 그 인간 지식을 넘어선
혼돈 저편에는
'질서'가 숨어 있다."

컴퓨터 과학자 더글러스 호프스태터의 말이다.

비선형 세계에서
생존하는 법

!

모두 자기가 결정하지 않은 일들을 겪게 된다네.
영화 〈반지의 제왕〉에서 간달프가 주인공 프로도에게 말한 대사

선형(linear) 세계와 비선형(non-linear) 세계

세상엔 두 개의 세계가 존재한다. 바로 '선형(linear) 세계'와 '비선형 (non-linear) 세계'다. 분명 일반인에겐 다소 낯설게 느껴지는 용어다.

지난 20세기 선형 세계에선 이런 격언이 공공연히 통용되었다.

"과거는 미래의 창(窓)!"

오늘날 그 격언은 너무나 진부하게 다가온다. 이젠 창이 아니라 오히려

벽(壁)에 가깝기 때문이다.

선형 세계에선 과거사를 통해 그 이후에 펼쳐질 현재나 미래 모습을 어렴풋하게나마 짐작할 수 있었다. 과거의 많은 부분이 현재를 거쳐 미래로도 연결돼 있어 많든 적든 영향을 미쳤기 때문이다.

오죽하면 인간이 바꿀 수 있는 유일한 게 있다면 '미래(future)'라고 했겠는가. 이는 아무리 후회해봐야 과거는 이미 지나갔고 현재는 미친 듯 발버둥을 쳐도 변화시키기 어렵지만, 미래는 아직 새하얀 백지이니 마음대로 휘저어 멋진 그림을 그릴 수 있다는 생각에서 비롯된 논리다.

하지만 이젠 미래를 예측하는 것이 너무나 힘들어졌다. 알아야 할 것도 많고, 따라 해야 할 것도 너무나 많다. 자고 일어나면 낯선 얼굴이 등장해 있다.

디지털화와 글로벌 경제의 심화, 저출산과 고령화, 인공지능과 로봇 시대의 도래, 가치관과 라이프스타일의 다변화, 환경과 에너지 문제의 급부상 등은 서로에게 영향을 미치는 변수를 지나치게 다양화시켰다. 현재의 과학기술로는 이처럼 다양하고 미세한 변수들의 영향을 정확하게 측정하는 건 불가능하다.

그렇다면 비선형 세계로 무게중심이 쏠리면서 야기될 우리 사회의 모습은 어떨까?

어떤 일의 시작과 끝이 연속된 하나의 선상(線上)에 있을 수 없다. 그로 인해 어떤 일의 원인과 결과가 정확히 겹치는 경우는 드물어진다. 또한 과거의 궤적 때문에 현재나 미래의 삶이 얽히거나 영향을 받는 사례도 점차 줄어들게 된다. 나아가 지구촌이라는 유기체 사회는 잦은 킬러 애플리케이션(killer application)의 출현과 인간의 비합리적 행동 증가로 비선형 세계의 도래를 앞당긴다.

그뿐만이 아니다. 유기체 사회에서의 특정 움직임은 늘 질서와 무질서 사이를 오가며 나비효과(butterfly effects)를 더욱 증폭시킨다. 결과적으로 이는 비선형 세계의 가시화를 더욱 배가시킨다.

Butterfly effects
비가 오면 주식을 사라!

"참치 초밥이 아프리카의 물 부족을 초래한다."

대체 이게 무슨 뜬금없는 소리인가. 초밥(스시)은 종주국 일본인들이 가장 즐겨 먹는 음식 중 하나다. 그 가운데서도 바다의 로또라 할 수 있는 흑참치(참다랑어)의 앞쪽 대뱃살(오도로)로 만든 초밥은 미식가들의 입맛을 사로잡는다. 전 세계에서 잡히는 흑참치의 80%를 일본인들이 먹어치운다. '참치가 없으면 어물전도 없다'는 말이 일본인의 참치 사랑을 단적으로 보여준다.

자못 의외성을 가진 얘기 하나를 털어놓는다. 우리 농림수산 분야의 최대 수출품은 다름 아닌 참치라는 사실이다. 물론 그중 대부분이 일본으로 수출된다.

자, 그렇다면 어째서 참치 초밥이 아프리카의 물 부족을 초래한다는 걸까? 그 과정은 이렇다.

· 일본 국내에서 참치 소비량이 늘어난다.
· 일본의 거대 어선단이 아프리카까지 진출한다.

· 인근 해역에서 고기를 잡던 아프리카 영세 어부들이 일본의 저인망
  어선에 밀려 직업을 바꾼다.
· 더 이상 아프리카인들의 식탁에 해산물이 오르지 않는다.
· 부족한 단백질을 보충하고자 사람들이 점점 가축(염소나 소)을 기른다.
· 가축들은 생선과 달리 담수를 필요로 하기 때문에 지하수는 점점 고
  갈된다.

프랑스가 낳은 세계적인 석학, 에릭 오르세나(Erik Orsenna)의 저서
《물의 미래》에 등장하는 얘기를 조금 각색해 풀어 보았다.
혹시 이런 책 이름을 들어봤는가?

《브라질에 비가 내리면 스타벅스 주식을 사라》

If It's Raining in Brazil,
Buy Starbucks

미국 경제학자 피터 나바로(Peter Navarro)가 집필한 책으로, 책 제목
은 앞서 이야기한 나비효과와 일맥상통한다. 핵심 내용은 이렇다.

· 세계 최대 커피 생산국인 브라질에 비가 내린다.
· 심각했던 가뭄이 해소된다.
· 덕분에 커피 생산량이 늘면서 커피 가격이 급격히 떨어진다.

· 따라서 세계 최대 커피 체인점인 스타벅스는 원가절감이 가능해진다.
· 결국 스타벅스의 경영 실적 호전으로 연결되면서 자연스레 주가가 상승한다.

자, 그럼 국내로 관점을 옮겨보자.

지난 2008년 미국발(發) 금융위기는 실물경제에까지 타격을 입히면서 전 세계를 휘청거리게 만들었다. 위기는 인류가 경제활동을 시작하면서부터 늘 반복되었지만 전 세계를 동시에 패닉으로 몰아 놓은 건 사실상 처음이었다.

모기지(mortgage) 업체(대출 업체)들이 부동산 호황기를 이용하여 돈을 갚을 능력이 부족한 사람들에게 주택을 담보로 무리하게 돈을 빌려준 것이 바로 글로벌 금융 위기의 출발점이었다.

이유야 어떠하든 미국을 제외한 전 세계 국가들은 억울하기 그지없었다. 대체 자신들이 무슨 잘못을 했기에 유동성 위기를 겪으며 그리도 가슴 졸여야 했단 말인가!

과도한 빚으로 LA에 집을 산 미국인들 때문에 경기도 화성에 근무하는 중소기업 노동자들이 수십 년 동안 일해온 정든 직장을 떠나야 했다. 이게 바로 근래 우리들이 경험한 나비효과의 실체다.

그러나 어쩌겠는가! 지구촌이 이미 하나의 유기체로 작동하고 있는 것을. 특히 비즈니스와 경제적 측면에선 더욱 뚜렷하다.

Think the
삶의 3가지 태도
unthinkable

● 일련의 과거 숫자들을 통해 미래를 예견하려는 태도는 대단히 논리적이고 확실성도 높다. 나아가 객관성과 설득력도 있어 보인다. 허나 경우에 따라선 숫자를 나열하는 것 외에 아무런 의미를 가지지 못할 수도 있다. 비선형 세계에서는 더욱 그러하다.

그렇다면 비선형 세계에 대한 우리의 태도는 어떠해야 할까? 세 가지 정도만 언급한다.

1.
어떤 불확실성과 그로 인해 야기된 일에 관해서도 책임을 져야 한다.
Responsible for uncertainty

앞서 미국발 글로벌 금융 위기에서도 엿보았듯 자신과 무관한 것으로부터 촉발된 사태라 할지라도 100% 자신이 책임을 져야 하는 게 비선형 세계의 큰 특징이다. 이는 우리를 더욱 혼란스럽게 만든다. 당신이 어떤

행동(태도)을 선택했을 때는 그 결과도 함께 선택한 것이다. 마찬가지로 당신이 현재 비선형 세계에 살고 있다는 사실만으로도 이미 당신은 그로 인해 파생될 미래 결과도 선택한 것이다.

그렇다고 너무 억울해하거나 두려워하지 말라. 비가 한 사람에게만 내리지 않듯 이 논리는 모든 이에게 적용된다. 분명한 진실 하나는, 세상의 모든 달콤한 결실은 불확실성이라는 손이 쉽게 닿지 않는 나뭇가지에서만 열린다는 것이다.

2.
행동하면서 생각해야 한다.
Thinking in action

어떤 일이든지 일단 '행동하며 생각'하도록 애써야 한다. '생각한 후에 행동'하려 해서는 안 된다. 또한 '행동한 후에 생각'해서도 안 된다. 무슨 일을 진행할 때 과정 중에 오류가 발견되면 곧바로 수정하라. 물론 노력을 해도 당신이 처음부터 목표로 했던 기대치가 불발로 끝날 수 있다는 사실도 충분히 염두에 둬야 한다. 과도한 두려움이나 장밋빛 기대감 모두 금물이다.

3.
생각할 수조차 없는 것도 생각해야 한다.
Think the unthinkable

이는 실로 황당하고 모순된 주장일 수 있다. 우리 머리로 떠올릴 수 없는 것을 어찌 생각할 수 있단 말인가! 하지만 위대하고 불가능해 보이는 걸 달성하려면 누구도 감히 생각할 수 없는 걸 떠올려야 한다. 고대 인도에 이러한 격언이 있다.

"아직 발생하지 않은 위험을 피하라."

피해 갈 수 없는 것이라면, 주어진 환경에서 최선을 다하는 수밖에 도리가 없다. 항상 새로운 사건이나 정보에 주의를 기울여라. 그러면서 평소엔 생각지도 못한 것에 관해서도 생각하려는 습관을 길러야 한다.

앞서 언급한 삶의 태도 세 가지는 우리 머리를 무척 당황스럽고 혼란스럽게 만든다. 최근 기술과 환경은 급속한 변화 속도 때문에 전혀 예상치 못한 결과와 방향으로 진행되고 있다. 1년은 고사하고 3개월도 내다볼 수 없는 시대다.

이런 까닭에 이제 10년 후를 예측한다는 건 인간이 아닌 신의 영역이다. 그렇다고 팔짱을 낀 채 무작정 미래를 기다릴 수만은 없다. 그건 생존을 거부한 무뇌 인간이나 하는 짓이다.

그렇다면 어떻게 해야 할까?

미래를 예측하기 위해선 돈과 시간 그리고 에너지를 투자하는 게 중요하다. 그러나 그에 앞서 조직 및 기업에선 창의력을 겸비한 유능한 인재를 우선적으로 육성하고 발굴해야 한다. 그런 다음 인재들이 기술과 환경의 빠른 변화에 기민하게 적응할 수 있도록 다양한 프로그램을 개발하고 훈련시켜야 한다.

덧붙여 인재들이 미래의 방향성을 스스로 창조할 수 있도록 적절한 환경과 시스템을 만들어가는 일도 중요하다.

창의력은 미래의 생존 자산이다. 그 자산 대부분은 인재를 통해서 확보되고 지켜질 수 있음을 명심하라.

Think
Critically

1
선형 세계에서 **비선형 세계로의 이동**이 시작되었다.

2
생각할 수조차 없는 것도 생각하라.

3
창의력 넘치는 인재들을 육성해
스스로 **미래 방향성**을 창조할 수 있게 하라.

Coffee Break

당신의 두뇌를 깨운 10가지 답변!

인류가 때때로 어리석은 생각을 하지 않았더라면
그 어떤 일도 절대 일어나지 않았을 것입니다.
－영국 철학자 루트비히 비트겐슈타인(Ludwig Wittgenstein)

앞서 생뚱맞은 질문 열 가지를 던진 바 있다. 이제는 슬슬 수습을 할 차례다. 한 문제씩 해석을 곁들여 보도록 하겠다. 다만, 아래의 대답은 어디까지나 필자 머리를 기준으로 작성한 것인 만큼 당신의 생각과는 거리가 존재할 수 있음을 양해 바란다. 자, 당신이 무척 목말라했을 수도 있는 답변이다.

1

청년의 병명을 묻는 질문이었다. 혹시 우울증, 과대망상, 정신분열, 상사병, 광우병 등이라고 생각하지 않았는가? 이 문제에 대한 답은 별도로 언급하지 않겠다.

정답은 이미 지문 속에 들어 있다.

2

대한민국에서 패가망신할 촌철살인의 멘트는? 너무 쉬운 문제다. 다양한 멘트가 있겠지만 위트가 넘치는 독창적 대답을 해야 한다.

"180cm 이하는 루저!"나 "여자가 장수하는 건 아내가 없어서" 따위는 쨉도 안 된다. 그 보다 큰 메가톤급 멘트가 필요하다. 대한민국에서 성경 다음으로 많이 팔린 물건이 하나 있다. 혹시 뭔지 아는가? 바로 '반일(反日)감정'이다. 그걸 납득했다면 이렇게 외치면 된 다.

"독도는 일본 땅!"

3

대한민국의 전봇대 수는? 이 질문은 정확한 전봇대의 수를 도출하기를 기대하는 것이 아니다. 추론 방법 및 과정이 얼마나 논리적인지 알고 싶은 것이다. 우리나라의 국토 총 면적이 9만 9600㎢라는 점과 약 70%가 산지라는 점 그리고 전봇대 간 거리가 평균 40 ~50m라는 점(대도시는 조금 더 짧다는 점) 등을 감안하여 그 수를 추론하는 방법이 있 을 것이다. 물론 그 밖에도 여러 가지 해결책이 있을 것이다.

여기서는 정답만 이야기할까 한다. 한국전력에 따르면, 2017년 12월 기준으로 대한민 국에 있는 전봇대 수는 총 930만 개라고 한다.

혹시 구글(Google)의 'Crazy Questions'에 대해 들어 보았는 가? 예를 들면 이런 것이다. "한 대의 버스 안에 몇 개의 골프공이 들어갈까?", "시애틀 에 있는 모든 유리창을 닦을 경우 당신은 얼마의 수고비를 청구할 것인가?", "한강 모래 사장의 모래알 수는 몇 개일까?"

이러한 질문을 받으면 황당할 것이다. 구글이나 마이크로소프트는 이러한 *페르미 추정 문제를 입사 시험에 자주 낸다고 한다.

---

* 페르미 추정은 원자력의 아버지로 불리며 노벨물리학상 수상자이기도 한 엔리코 페르미(Enrico Fermi)
  의 이름에서 따왔다. 그가 수업 중에 자주 이런 문제를 냈다고 한다. 페르미 추정식의 문제들은 우리 두뇌
  를 더욱 창의적이고 논리적인 두뇌로 탈바꿈시키는 데 상당히 효과가 있다.

4

알파벳을 그룹 짓는 문제였다. 조금 어려웠을 수도 있겠다.

①그룹은 좌우대칭 알파벳으로 구성(A, M, T, U, V, W, Y)되어 있다.

②그룹은 상하대칭 알파벳으로 구성(B, C, D, E, K)되어 있다.

③그룹은 상하좌우 모두 대칭을 이루는 알파벳으로 구성(H, I, O, X)되어 있다.

④그룹은 상하좌우 그 어느 쪽도 대칭을 이루지 못하는 알파벳으로 구성(F, G, J, L, N, P, Q, R, S, Z)되어 있다.

알고 보니 별것도 아니다. 세계적인 창의력 전문가인 로저 폰 외흐(Roger von Oech)의 저서《Expect the Unexpected》에 등장하는 내용이다.

5

어떤 살인 사건 현장으로 생각할 수 있다. 실은 현종과 양귀비는 금붕어 이름이다. 수조가 바닥에 떨어져 깨지는 바람에 그 안에서 헤엄치던 두 금붕어가 죽은 것이다. 이 문제의 실마리를 찾기 위해서는 우선 현종과 양귀비가 사람이라고 생각하지 말아야 한다. 전문가에 따르면, 이런 종류의 문제를 풀기 위해서는 창의적 통찰력이 필요하다고 한다.

6

삼각자의 가운데 부분은 왜 뚫려 있을까? 일단 손으로 잡아 사용하기가 쉽고 벽 등에 걸어 수납 및 관리가 편리하다. 어느 한쪽이 금이 가도 중간 부분이 뚫려 있으면 더 이상 금이 가지 않아 변형도 막을 수 있다. 또한 삼각자가 종이에 닿는 면이 적어

잘 밀착될 수 있고 움직일 때 마찰력도 줄어든다. 제조업자 입장에서는 중간이 뚫린 만큼 원재료를 아낄 수 있다. 물론 그로 인해 무게도 줄어 대량으로 운반이 수월해진다. 결과론이지만, 심심할 때 구멍에 손가락을 걸어 돌리며 흐트러진 집중력을 가다듬을 수도 있고, 뚫려 있는 것이 디자인 면(여백의 미)에서도 훨씬 좋아 보인다. 어쩌면 산수(수학)와 제도(설계)는 복잡하니 늘 마음을 비우고 몰입하라는 남모를 배려가 아닐까?

7

누구에게 당신의 좌석을 양보할까? 딱히 정답은 없어 보인다. 그렇다면 당신의 창의력과 순발력이 관건이다. 이 물음에 대략 80% 이상이 '임산부'를 꼽는다고 한다. 필자가 강의 시간에 이 문제를 출제했을 때도 많은 학생이 그렇게 답변했다. 이유는 일단 몸이 힘겨워 보인다는 거다. 게다가 뱃속의 아이까지 두 명이 앉을 수 있어 공간 활용의 효율성도 기대된다. 그러나 이는 누구나 답할 수 있는 지극히 일반적이고 평범한 대답이다.
그렇다면 이건 어떨까?
"경중(輕重)을 가릴 수 없으므로 조용히 자리에서 일어섭니다"라고 말하는 것이다. 알아서들 결정하라고 말이다. 하지만 이는 상황 종료는 될지언정 무책임에 가까운 판단이다. 분명 그 자리는 아줌마 차지가 될 가능성이 높아서다.
그렇다면 이런 역발상은 어떨까?
"절대 못 비켜 드립니다. 저는 이 차의 운전수거든요!"

8

만약 맨홀 뚜껑이 다각형이라면, 어떤 일들이 벌어질까? 먼저 모서리 부분이 망가지기 십상이다. 또 위로 들렸을 경우 모서리에 자동차 타이어 혹은 통행인들의 다리가 부딪힐 위험이 있다. 맨홀이 원형이면 뚜껑에 동일한 부하가 걸려 한결 안전하다. 사람 몸통도 둥글어 공사 관계자의 출입 역시 용이하다. 나아가 맨홀 뚜껑을 덮기 위해 상하좌우를 잴 필요도 없이 그냥 올리면 되기 때문에 작업 시간도 절약된다. 이러한 이유들은 맨홀 뚜껑을 둥글게 만들어야 하는 몇 가지 필요조건임은 분명하지만 충분조건은 아니다.

맨홀 뚜껑이 둥근 탓에 반으로 짝 갈라지거나 큰 구멍이 생기지 않는 이상 맨홀 안으로 절대 밀려 떨어지지 않는다.
만약 맨홀 뚜껑이 둥글지 않고 삼각형이나 사각형, 오각형이라면 뚜껑이 약간 빗나가기만 해도 맨홀 안으로 떨어질 수 있다. 수많은 차량과 사람들이 오가는 도로 한가운데 이런 구멍이 생기면 끔찍한 사고로 이어질 수 있다.

9

세상에서 맛이 사라진다면? 맨 먼저 '미식가(美食家)'라는 표현이 사라진다. 그러면 삶의 즐거움 가운데 절반이 사라졌다고 소란이 벌어진다. 먹는 즐거움이 주는 쾌락은 상당하니 수긍이 간다. 또한 각종 식사나 모임(회식) 시간이 대폭 줄어들면서 일하는 시간과 여유 시간이 늘어난다. 이뿐만 아니다. 아이들과 남편의 반찬 투정이 자취를 감추고, 그간 어린아이들이 힘들어했던 쓴 약도 꿀꺽꿀꺽 잘 삼킨다. 더불어 '엄마의 손맛'이 추억 속으로 사라지는 아픔은 남는다.

오랜 기간 미각을 중심으로 발전해온 음식 문화가 후각과 시각, 청각으로 바뀌면서 새로운 음식 문화가 등장한다. 특히 후각을 자극하는 정도에 따라 음식 종류가 분류되면서 향이 더욱 주목을 받게 된다. 또한 음식을 고를 때 맛이 아닌 모양과 영양소를 기준으로 선택하게 될 것이다. '맛있는' 음식이 아니라 '멋있는' 음식이 등장한다. 그로 인해 요리사란 직업 대신에 '음식 디자이너'란 직업이 주목을 받게 된다.

그에 따라 TV의 예능 프로그램도 전면 개편된다. '찾아라, 맛집'에서 '찾아라, 700kcal

집' 혹은 '챙겨라, 비타민의 집' 따위의 프로그램이 편성될 수 있다. 더없이 반가운 소식으로는 김치를 주재료로 한 것들이 전 세계 음식의 중심에 서게 된다. 음식은 맵냐, 맵지 않느냐 두 가지 기준으로 바뀌기 때문이다. 알다시피 매운맛은 맛이 아니라 통각(痛覺)이다. 그 매운맛 증가로 인해 위장병 환자도 증가할지 모른다. 덩달아 고춧값 파동도 예상된다. 상대적으로 일본 음식이 히트를 칠 확률이 높아진다. (일식은 입만이 아니라 눈으로도 먹기 때문이다.) 비만 인구와 굶는 사람들도 자연스레 감소한다. 맛이 없으면 과식을 하지 않을 테니 말이다.

끝으로 우리 삶에서 '실패의 쓴맛'을 보는 이가 사라지면서 불굴의 도전 정신이 인류에게서 자취를 감춘다. 그렇게 되면 참 큰일이다.

10

엄마가 낳은 아이는 바로 '당신'이다.
너무 싱거웠는가? 정답을 모두 접하고, 설마 "뭐가 이래?"하며 실망하지는 않았는가. 그렇게 투덜거리는 분께는 특별히 보너스 문제를 하나 드린다.

"두 명의 아버지와 두 명의 아들이 있다. 빵 6개를 똑같이 나눠 먹으려고 한다. 어떻게 빵을 나눠야 할까? 단, 빵을 자르거나 해선 안 된다."

감성의
의미

07

아령은 쇠뭉치다.
이불은 솜뭉치다.

이 둘 사이에서
어떤 상관관계도 발견하기 어렵다.
그런 둘을 무게로 연결 지어본다.

솜뭉치와 쇠뭉치,
어느 것이 더 무거울까
?

인간의 감성을 배제한 채
오로지 과학적이고 이성적이며 논리적인 것에만 의지해서는
생존을 보장받지 못하는 시대가 있습니다.
지금이 그런 시대입니다.

솜뭉치 10kg과 쇠뭉치 10kg

필자의 초등학교 시절 얘기다. 과학 수업 말미에 담임 선생님이 이런 질문을 던졌다.

"얘들아, 여기 솜뭉치 10*kg*과 쇠뭉치 10*kg*이 놓여 있다고 치자. 둘 중에 어느 쪽이 더 무거울 것 같니?"

범상치 않은(?) 선생님의 질문에 아이들은 고민에 빠졌다.

"쇠뭉치는 단단하고 무거워 옮기기 쉽지 않은 쇳덩어리고, 솜뭉치는 가벼운 솜이지 않는가!"

잠시 뒤, 짝꿍과 대화가 오간다.

"넌, 어떻게 생각하니?"

"으음, 글쎄! 쇠가 더 무겁지 않을까? 쇳덩이잖아."

"선생님이 아까 같은 10kg이라고 하셨잖아."

그렇게 고민을 하던 아이들의 생각도 갑론을박 과정을 거치면서 '쇠뭉치가 더 무거울 거다'라는 의견으로 기울었다. 개중엔 솜뭉치가 무겁다고 주장하는 학생들도 있었다. 선생님이 그 이유를 묻자,

"솜뭉치가 공기 중의 수분을 머금어서 더 무거워요."

수업 말미 한 가득 미소를 머금은 선생님이 입을 뗀다.

"둘 다 10kg이기 때문에 무게는 동일하단다."

그러자 교실 여기저기에서 볼멘소리와 언쟁이 오갔다.

"(선생님이) 어느 쪽이 무겁냐고 하셔 놓곤!"

"(짝꿍을 바라보며) 봐, 아까 내가 같다고 했잖아."

위와 똑같은 질문을 21세기 주역이 될 당신에게 다시 던진다.

"솜뭉치 10kg과 쇠뭉치 10kg, 어느 쪽이 더 무거울까?"

□ 솜뭉치　　　　□ 쇠뭉치

혹시 필자의 질문에 "내가 지금 초등학생인 줄 아느냐?", "아까 같다고

하지 않았소!" 하며 어이없다는 표정을 짓진 않았는가? 만약 그랬다면 불평은 잠시 접어두라. 거듭 말하지만, 솜뭉치 10kg과 쇠뭉치 10kg 중 어느 한쪽이 분명 더 무겁다. 믿기 어렵겠지만 사실이다. 그렇다면 과연 어느 쪽이 더 무거울까? 환장할 노릇이다. 앞에서는 선생님 입을 빌려 같다고 하더니 이제는 다르다며 더 무거운 쪽을 선택하라고 강요를 하니 말이다.

더 이상 사족(蛇足)을 달지 않겠다. 물리학적으로 본다면, 솜뭉치든 쇠뭉치든 둘 다 10kg이라면 그 무게는 응당 동일하다. 하지만 이 문제를 제시한 데는 그럴 만한 이유가 있다. 만약 실험 정신에 투철한 사람이라면 어딘가에서 솜뭉치 10kg과 쇠뭉치 10kg을 구해 직접 들어볼 것이다. 그리곤 이렇게 되뇔 것이다.

"이럴 수가, 무게가 다르잖아!"

그렇다. 무게는 다르다. 정답을 말하자면 '솜뭉치' 쪽이 더 무겁다. 그 이유는 무엇일까? 성인 남성의 경우, 쇠뭉치 10kg 정도는 약간의 힘만 투자하면 쉽게 들어 올릴 수 있다. 반면에 상대적으로 부피(volume, 體積)가 큰 솜뭉치 10kg은 두 손으로 우리의 전신 근육을 사용해 두 손으로 들어 올려야 한다. 동시에 뇌는 몸의 균형까지 잡아야 한다.

이 때문에 그 순간 인간이 느끼는 감각은 솜뭉치 쪽이 더 무겁게 느껴진다. 평소 가벼워 보이는 솜이불을 벽장에 수납하려 집어 들면서 "어라, 무겁네!"라고 느낀 데는 다 이유가 있었다.

Scientific truth
믿기지 않는 과학의 진실!

●이 세상에는 눈에 보이는 대로 혹은 과학적인 잣대만으로 평가해서는 안 되는 것들이 무수히 존재한다. 당신이 접한 것이 매번 절대 가치를 갖는 것은 아니다.

인간에게는 오감(五感), 즉 시각, 청각, 촉각, 미각, 후각이 갖추어져 있어 그 발달 정도에 따라 느끼는 감각 또한 얼마든 달리 표현될 수 있다. 그래서 인간의 감성에는 과학과는 또 다른 잣대가 필요하다.

세계적인 성공 철학자 나폴레온 힐(Napoleon Hill)은 "인간의 창의력은 차가운 이성이 아니라 뜨거운 감성을 통해서만 발휘될 수 있다"라고 힘주어 말했다. 창의력에는 감성이 더없이 소중하다는 거다.

필자가 평소 탐탁지 않게 여기는 카피가 하나 있다.

'보이는 것만 믿으세요.'

그 광고 카피대로 생각하고 행동했다간 큰 위험을 초래할 수 있다. 이왕 '과학'이라는 단어가 나왔으니 한 가지 더 질문을 던져본다.

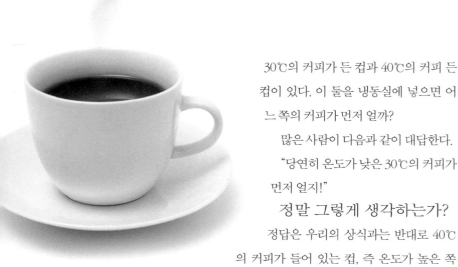

30℃의 커피가 든 컵과 40℃의 커피 든 컵이 있다. 이 둘을 냉동실에 넣으면 어느 쪽의 커피가 먼저 얼까?

많은 사람이 다음과 같이 대답한다.

"당연히 온도가 낮은 30℃의 커피가 먼저 얼지!"

정말 그렇게 생각하는가?

정답은 우리의 상식과는 반대로 40℃의 커피가 들어 있는 컵, 즉 온도가 높은 쪽이 먼저 언다고 한다. 사이언스 라인의 《과학상식 소백과》에 따르면 이유는 이렇다.

뜨거운 물 분자는 증기의 형태로 물을 떠날 수 있을 만큼 충분한 에너지를 갖고 있기 때문에 그 과정에서 물의 열에너지를 빼앗아간다. 차가운 물 분자는 에너지가 낮아서 뜨거운 물 분자만큼 물 밖으로 튀어 나가지 않는다. 반면 뜨거운 물의 분자는 더 큰 에너지를 갖고 있기 때문에 열을 더 빨리 잃고, 곧 차가운 물과 온도가 같아진 다음에도 계속 추월하여 먼저 얼게 된다.

이는 우리의 고정관념을 통쾌하게 깨트리는 흥미로운 과학의 세계다. 이처럼 세상은 당신의 고정관념을 슬며시 밀쳐내는 것들로 무궁무진하다. 우리 머리도 늘 고른 생각보다는 약간 삐딱한 자

신만의 생각을 많이 했으면 좋겠다. 그러한 생각은 당신 삶
을 더욱 윤택하게 만들어줄 것이다.

Think
Critically

1
위대한 창조는 이성이 아닌
뜨거운 감성에서 나온다.

2
보이는 대로 **믿지 말라.**

3
가끔은 **삐딱한 시각**으로
세상을 바라볼 필요가 있다.

로고에 얽힌
사연

08

어디에서든 쉽게 찾을 수 있을 것 하나가
바로 편의점이다.
그 가운데 유난히 눈에 잘 띄는 로고가 있다.
바로 세븐일레븐의 로고다.

아래의 로고를 가만히 보고 있자면
어떤 불규칙성이 눈에 들어온다.
그게 뭔지 눈치챘는가?

세븐일레븐의 로고

n이 소문자가 된
사연은

?

한 젊은이를 망가뜨리는 확실한 방법은
달리 생각하는 이보다 똑같이 생각하는 이를
높게 평가하라고 지도하는 겁니다.
독일 실존주의 철학자 프리드리히 니체(Friedrich Nietzsche)

'7 ELEVEN'이 아니라 '7 ELEVEn'

당신에게 세 가지 질문을 던진다.

"편의점의 시초는?"

"한국 최초의 편의점은?"

"전 세계에 점포 수가 가장 많은 체인점은?"

위 물음들에 대한 정답은 모두 '7-ELEVEn'이다.

7-ELEVEn은 1927년 미국 텍사스주 달라스시의 'Southland Ice Company'라는 회사(당시에는 얼음을 파는 제빙 회사)에서 출발했다. 이후 1946년부터 영업시간을 아침 7시에서 밤 11시로 늘리는 동시에 체인점 이름을 '7-ELEVEn'으로 변경하였다. 또한 2005년에는 미국 기업이던 7-ELEVEn을 일본 기업이 주식을 전량 매입하면서 일본계 기업으로 다시 태어났다.

이러한 7-ELEVEn을 두고 많은 사람으로부터 의문 하나가 제기되고 있다. 혹시 그게 뭔지 아는가?

우선 7-ELEVEn 로고를 유심히 살펴보라.

"세븐은 숫자(7)이고, 일레븐은 알파벳 (ELEVEn)이라고?"

그렇게 말하는 사람도 있다. 물론 그 점도 특이점임은 분명하다. 그러나 그것만으로 수많은 사람이 이 로고에 관심을 갖지는 않을 것 같다.

학교나 직장, 집 근처에서 7-ELEVEn을 쉽게 발견된다. 하루에 몇 차례씩 이곳을 찾는 사람도 있을 것이다. 그럼에도 필자가 특이점을 짚어주지 않으면 아마 영원히 모르고 지낼 사람이 많을 것 같아 설명한다.

다시 한 번 로고에 주목하라.

'7 ELEVEN'이 아니라 '7 ELEVEn'으로 되어 있다.

뭐가 다르냐고? 7-ELEVEn의 마지막 글자를 보라. n만이 소문자로 되어 었다. 만약 이 점을 오래전 발견하고 의문을 지녔다면, 당신은 대단한 상상력과 창의력 그리고 작은 것 하나도 놓치지 않는 호기심의 소유자임이 틀림없다.

7-ELEVEn

n을 둘러싼 사연

● 왜 마지막 알파벳 하나만 소문자로 되어 있을까? 흥미롭지 않은가. 그 의문점에 대한 답변이 7 ELEVEn의 일본 본사 홈페이지에 나온다. 본사에서도 왜 n만 소문자로 되었는지 궁금해 미국 담당자에게 문의를 했다고 한다. 그 결과, 미국으로부터 다음과 같은 정식 답변을 받았다고 한다.

"로고 담당자는 이미 퇴사하여 이유를 알 수 없습니다."

7 ELEVEn을 인수한 일본 기업 본사에서는 '디자인 측면을 고려하여 n만 소문자로 사용한 것이 아닌가' 하는 억측만 할 뿐 여전히 n을 둘러싼 진실은 베일에 싸여 있다. 그래서인지 점점 더 궁금증을 자극한다.

사실 필자도 이 질문을 던져놓고 정확한 답변을 제시하기 위해 각종 책과 인터넷 등을 뒤져보았다. 그 과정에서 다음과 같은 설(說)들을 확인할 수 있었다.

- 아침 7시부터 밤 11시까지의 영업 형태를 한눈에 알리기 위해 7과 11의 알파벳 'SEVEN - ELEVEN'으로 상표등록을 하려 했으나 일반 단어는 상표로 적절하지 않다는 이유로 기각되었다. 이에 담당자가 일레븐의 마지막 알파벳을 소문자 n으로 바꾸어 독창성을 어필함으로써 허가를 받았다.

- 1960년도 당시 회장의 안주인이 7-ELEVEN이 모두 대문자로 표기된 탓에 너무 거칠게 느껴진다는 의견을 제시했다. 따라서 조금 더 우아한 이미지 연출을 위해 n을 소문자로 바꾸었다.

- 로고 디자인을 할 때 맨 나중에 대문자 N을 사용하게 되면 오른쪽이 너무 각진 느낌이 들어 소문자 n을 사용해 균형을 맞추었다.

- 알파벳 맨 나중에 소문자 n을 사용하게 된 것은 우아하고 독창적이며 산뜻한 디자인을 위해 디자이너가 재치를 발휘한 것이다.

- ELEVEN은 단지 단어의 나열에 지나지 않는다. 하지만 ELEVEn이 되면 많은 사람이 지금처럼 흥미를 가지게 되면서 자연스레 기업 홍보가 된다. 당시 로고 디자인을 주문한 경영진이 이런 점을 미리 간파하고서 디자이너에게 부탁한 것이다.

이러한 다양한 설에도 불구하고 n을 둘러싼 의문은 여전히 미궁 속이다. 영원히 미제(謎題)로 남을 수 있다. 어쩌면 당신의 창의적 생각이 정답에 다가설 수 있는 유일한 열쇠일지도 모른다.

Think
Critically

1
다르게 생각하는 이를
높게 평가하라.

2
세상의 모든 **정답**은
당신의 머릿속에 있다.

경험이란 이름의
편견

<u>**09**</u>

© Kim Kwang Hee

오늘도 어김없이 연구실 출입문을 연다.
문득 궁금증이 생긴다.

여닫이 문 손잡이는
왜 늘 이런 모습일까?
당신은 그 이유를 아는가?

한 발짝도 밖으로
나갈 수 없는 이유

?

아들 왈 : "엄마, 저 아동보육학과에 지원할래요."
엄마 왈 : "아니, 남자가 무슨! 안 돼!"
딸 왈 : "아빠, 포크레인 기사 자격증 딸래요."
아빠 왈 : "여자가 그런 일을 어떻게! 하지 마!"

생각의 차이는 다른 결과를 낳는다.

한 사무실에 성인 열 명을 모아두고 실험을 진행했다. 실험 내용은 지극히 간단한 것이었다. 그들이 사무실의 지정된 문(door)을 열고 밖으로 나가는 데 걸리는 시간을 측정하는 실험이었다.

그런데 이게 어찌 된 일인가? 10초, 30초, 1분이 지나도록 문 앞에서 쩔쩔맬 뿐 누구 하나 문 밖으로 나가지 못했다. 아무리 문을 밀거나 당겨도 꼼짝도 하지 않았다.

이번에는 동일한 장소에 초등학교 저학년 아이 열 명을 대상으로 같은 실험을 진행했다. 성인들과 다르게 대부분의 아이가 정말 짧은 시간에 문을 열고 밖으로 나갔다.

앞의 이야기는 미국의 한 대학에서 진행한 실험이다. 우리는 당연히 힘도 세고 사회적 경험과 지식이 풍부한 어른들이 더 빨리 문을 열고 밖으로 나갈 것이라 생각한다. 하지만 결과는 생각했던 것과 너무나 달랐다.

왜 이러한 결과가 벌어진 것인지 생각해보자. 비밀의 열쇠를 찾으려면 우선 문의 손잡이에 주목해야 한다. 이 실험에 사용된 손잡이는 바로 앞 장에서 보았던 사진과 같은 모양이다. 여느 문의 손잡이와 별반 다를 것이 없다.

그런데 이 손잡이가 어른과 아이의 승패(?)를 갈랐다. 만약 당신이 이 실험에 참가했다면 어떤 행동을 취할 것인가?

먼저 문 앞에 서서 문의 손잡이(모양)를 바라볼 것이다. 그런 다음 손잡이를 오른손으로 쥐고(왼손잡이라면 왼손으로) 반자동으로 손잡이를 오른쪽으로 비튼 후 곧장 문을 당기거나 미는 행동을 할 것이다. 그렇지 않은가?

그런데 전혀 예상치 못하게 그 문은 꿈쩍도 하지 않는다. 이 상황에서 대부분의 성인은 이런 생각을 떠올릴 것이다.

'어라, 문이 잠겼네? 혹시 고장이 난 건 아닐까? 아니면 밖에서 잠근 건

가?'

그러고는 누군가 문을 열어줄 때까지 스스로 문 열기를 포기한다. 반면에 아이들은 계속해서 문이 열리지 않자 호기심을 가지고 다른 생각을 했다.

'왜 안 열리지?'

'옆으로 밀면 어떨까?'

그런 생각의 차이가 다른 결과를 가져왔다. 실험에 사용된 문은 옆으로 밀어 여는 슬라이드형 출입문이었다.

어린이들의 이런 유연한 발상은 어디서 오는 걸까? 사회적 경험이 적은 아이들은 어른들과 달리 둥근 손잡이가 달린 문은 반드시 밀거나 당겨야 한다는 사전 지식이 없다. 즉, 그간 쌓아온 고정관념이 미미했던 아이들은 자유로운 발상을 할 수 있었고, 그 결과 문을 간단히 열고 밖으로 나갈 수 있었다.

Good-bye period
마침표를 날려버려라!

●앞 실험은 기성세대에게 많은 생각을 하게
만든다.

경험을 통해 축적된 예비지식은 그 영역 안에서만
사고하기 쉽다는 것이다. 이는 경험적 편견(experiential bias)
탓이다. 그로 인해 자유로운 발상이나 창의력이 필요한 영역에서 되레 풍
부한 경험이나 지식(편중)은 큰 장벽이 될 수 있음을 깨닫게 한다.

무한한 가능성을 지닌 우리 아이들이 물음표(?)로 입학해 마침표(.)로
졸업하는 일은 어떡하든 막아야 한다. 가정과 학교 교육이 아이들의 창의
력을 길러주기는커녕 앞장서 말살해서야 되겠는가!

스티브 잡스와 3D 영화 〈아바타〉의 감독 제임스 캐머런에겐 한 가지
공통점이 있다. 두 사람 모두 대학에서 중퇴했다는 점이다. 대학 교육을
제대로 받았다면, 이 두 사람의 이름이 전 세계 사람들의 입에 오르내리
는 일은 없었을지도 모른다. 실제로 스티브 잡스는 "내 인생 최고의 결정
은 대학을 그만둔 것"이라고 말한 바 있다.

프랑스의 베스트셀러 작가 베르나르 베르베르는 말한다.

"나는 글을 쓸 때 항상 7살 어린 시절의 시선을 유지하려 노력한다. 어린아이가 글을 쓰기 위해 사물을 보고 생각하는 방법이 창작의 열쇠다."

참 가슴에 와 닿는 말이다.
세계적인 예술가 피카소도 이런 얘기를 했다.

"나는 어린 시절 이미 라파엘로처럼 그림을 그릴 수 있었다. 하지만 평생 어린아이처럼 그리기 위해 노력했다."

성인이 된 후에도 어린아이와 같은 생각을 유지하기란 결코 쉬운 일이 아니다. 타협과 상식, 전례를 무시하고 단번에 핵심을 꿰뚫는 언동(言動)은 종종 주변과의 마찰로 이어지기 때문이다. 그런 모든 장벽을 뛰어넘은 소수의 사람을 가리켜 우리는 '천재' 혹은 '영웅'이라 부른다.
어른인 당신, 괜히 똥 폼 잡지 말고 가끔씩은 천진난만한 어린이다움에

빠져보라. 유치하다고 지적하는 상대의 말에 고개를 떨구거나 동요할 이유는 하나도 없다.

Think Critically

1
경험적 편견에 주의하라.

2
창의력이 필요한 영역에서는 오히려
경험과 편협한 지식이 위험할 수도 있다.

3
어린아이의 관점과 사고가 창작의 열쇠다.

제한된
합리성

10

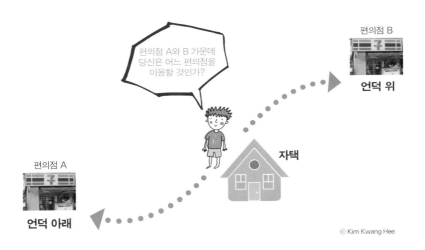

편의점 A와 B 가운데
당신은 어느 편의점을
이용할 것인가?

편의점 B

언덕 위

자택

편의점 A

언덕 아래

© Kim Kwang Hee

언덕 아래와 언덕 위에
각각 편의점 A와 B가 있다.
당신 집은 딱 중간 지점에 위치해 있다.

뭔가를 사기 위해 집을 나선 당신은
어느 편의점으로 향할 것인가?

인간은 합리적일까, 아닐까

?

세상에는 두 가지 방식의 삶이 존재합니다.
창의력 따윈 나와 무관하다고 믿으며 사는 것
그리고 나의 모든 것이 창의력의 산물이라 믿으며 사는 것입니다.

인간은 합리적 사고에 따라 의사결정을 한다.

단도직입적으로 묻는다.

"우리 인간은 합리적일까, 아닐까?"

인간은 동물 가운데 이성과 지성을 모두 가진 유일한 고등 동물이다.
따라서 인간의 행동 역시 합리적 사고와 판단을 기초로 이뤄진다는 것에
이론(異論)의 여지는 없어 보인다.

과연 그럴까? 앞서 제시한 편의점 A와 B 그림을 보라.

언덕 아래쪽에는 '편의점 A'가 있고, 위쪽에는 '편의점 B'가 있다. 두 가게 모두 동일한 브랜드의 편의점이라고 하자. 따라서 취급하는 상품이나 규모는 거의 같다. 여기서 질문 하나를 던진다.

"그림처럼 자택을 출발한 당신은 어느 쪽 편의점으로 발길을 옮기게 될까?"

이 질문에 많은 사람이 곧바로 '편의점 B'라고 대답한다. 그 이유를 모르는 바가 아니다. 물건을 사러 갈 때는 빈손으로 언덕을 오르는 게 편하고, 물건을 구입해 집으로 돌아올 때는 짐의 무게를 고려하면 오르막보다는 내리막이 편해서다. 이러한 이유로 많은 사람이 '편의점 B'를 고른다. 지극히 합리적이다.

그런데 이 판단이 과연 올바른 것일까? 아니, 실제로도 그렇게 행동을 할까? 물론 위의 대답처럼 사람들은 합리적인 판단을 한다. 하지만 정작 현실에서는 대부분 그렇게 행동하지 않는다는 게 문제다.

실제로 그림과 같은 상황에 놓이면 대부분의 소비자는 언덕 아래에 있는 '편의점 A'로 향한다.

이러한 사례는 인간의 소비 행동이 결코 합리적이지 않다는 것을 잘 입증해준다. <u>인간 행동을 둘러싼 각종 통계에 많은 오차가 발생하는 것도 인간의 비합리적 행동이 영향을 미치기 때문이다.</u> 이런 행동을 비합리적이라고 얘기하기보다는 부지불식간에 이뤄지는 무의식적 행동으로 보는 게 더 적절하다. 인간은

인간은 종종 비합리적인
의사결정을 내린다.
그래서 가끔은 경제인이라는
기본 가정이
무색해지기도 한다.

종종 비합리적인 의사결정을 내린다. 그래서 가끔은 최소 비용과 최대 이익을 추구하는 경제인(homo economicus)이라는 기본 가정이 무색해지기도 한다.

Bounded
제한된 **합리성**
rationality

●편의점 A(언덕 아래)로 향하는 까닭을 명칭을 들어 입증해보자. 특정 도시의 중심부를 가리켜 영어로 뭐라고 하는가? 바로 '다운타운(downtown)'이라고 한다. 즉, 아래(down)에 형성된 도시(town)라는 의미다. 서양에서 중심가는 아래쪽에 형성된다.

또 하나, 일본어로 '상업시가지'를 무엇이라 부르는지 아는가? '시타마치(下町)'라고 한다. 한자 아래 하(下)가 의미하듯 아래에 존재하는 마을(町)로, 과거 상인이나 장인들이 많이 살았던 곳을 가리킨다.

서양이건 동양이건 사람들이 모여 시장이 형성되는 곳은 모두 아래 지역이다. 태풍이 몰려오면 가장 먼저 물에 잠기는 곳이 시장이다. 매년 물에 잠겨 엄청난 경제적 피해를 입으면서도 상인들이 이곳을 떠나지 못하는 이유는 아래쪽이 장사가 잘되기 때문이다. 더해 인간의 눈은 하향 지향성을 띈다.

십수 년 전 국내에 콜라 대전이 한창일 당시 얘기다. 당시 국내에는 코카콜라와 펩시콜라 외에도 콤비콜라와 815 콜라가 공격적인 마케팅을 전

개하고 있었다. 어느 대학 구내 자판기에는 815 콜라밖에 없는 경우도 본적이 있다. 맛의 우열에 관한 논쟁도 심심찮게 벌어졌다. 필자도 호기심이 발동했다. 수업 시간에 탁자 위에다 종이컵 네 개를 나란히 정렬해놓은 다음, 상표를 가린 콜라 네 개를 각각의 종이컵에 따랐다. 그러고는 학생들에게 한 명씩 나와 시음하게 한 후 가장 맛있는 콜라 하나를 고르라고 했다.

결과는 어땠을까? 신기하게도 가장 많은 학생이 선택한 것은 맨 왼쪽의 종이컵에 든 콜라였다. 선택 이유를 묻자 "톡 쏘는 맛이 강한 것 같다", "감미롭다", "평소 즐겨 마시던 것이다" 등의 대답이 나왔다. 하지만 이 실험에 사용된 콜라는 모두 같은 것이었다. 상표가 동일하다면 당연히 그맛에 대한 평가도 같아야 하지만 의견은 제각각이었다.

세상에 나와 있는 대부분의 책이나 신문, 상호, 달력, 벽보 등을 보라. 시작이 왼쪽에서 오른쪽으로 이어진다. 사물이나 기계의 작동과 조작도 비슷하다. 그러하듯 인간의 시선도, 선택도 맨 왼쪽이 가장 먼저 노출되기에 나온 결과가 아닐까 추측해본다.

근래 행동경제학이 주목을 받으면서 경제를 사회심리, 인지, 감정 등 인간적인 측면에서 주목하고 추구하는 연구가 활발해지고 있다.

노벨상을 수상한 허버트 사이먼(Herbert Simon)은 한정된 합리성을 제창하였다. 그는 "경제에는 수학과 달리 합리성을 가지고 설명할 수 있는 부분은 한정되어 있으며 경제 주체는 비합리적인 행동을 한다"고 말했다. 가령 수학적으로는 계산이 가능하더라도 그 조합이 방대하기에 감정과 같은 것이 개입되면 실제 계산이 불가능한 분야가 널리 존재하기 때문이다. 사이먼의 주장처럼 합리성이 적용될 수 있는 분야는 제한적이다. 최근에는 그 적용 범위가 점점 한정돼가는 추세다.

결국 인간의 제한된 합리성과 그로 인한 비합리적 행동의 다발(多發) 역시 비선형 세계의 도래를 촉진시키는 주요 요인으로 보인다. 당신 생각은 어떤가?

Think
Critically

1
제한된 합리성에서
자유로울 수 없는 게 인간이다.

2
인간의 비합리적 행동은
비선형 세계의 도래를 촉진시킨다.

과연 가능할까

11

오래전에 읽어 책 제목은 생각나지 않지만
그 책의 첫 장에서 접했던 그림이다.
이 그림 아래에 이런 질문이 나온다.

"과연 이런 형태가
가능할까?"

큰 것이 작은 것을 통과하는 까닭은 ?

회의에서 훌륭한 아이디어가 탄생하지는 않습니다.
다만 쓸모없는 아이디어들이 많이 솎아지기는 합니다.
미국 소설가 프랜시스 스콧 피츠제럴드(Francis Scott Fitzgerald)

과연 가능한 모습일까?

바로 앞 페이지의 그림을 보라.

중앙에 열쇠 하나가 보인다. 그 열쇠에는 여느 열쇠와 마찬가지로 고리를 끼울 수 있도록 구멍이 나 있다. 그리고 그 구멍에 사슬 두 개가 통과해 있고, 사슬 양 끝은 두 개의 편자와 연결돼 있다.

자, 그럼 질문을 던진다.

"그림과 같은 형태의 조합이 실제로 가능할까? 즉, 열쇠의 작은 고리 구멍을 양쪽 편자에 고정된 사슬이 통과할 수 있을까?"

"예, 물론입니다."

"왜 그렇게 생각하는가?"

"그림에 등장하는 편자와 사슬, 열쇠는 마치 고무줄처럼 늘었다 줄었다 하는 재질이라면 얼마든지 가능합니다."

혹시 그런 상상을 하지는 않았는가.

유감스럽게도 편자와 사슬, 열쇠의 재질은 모두 강철이다. 따라서 쉽게 구부리거나 펼 수 없다. 또한 사슬과 편자의 이음새는 쉽게 열 수 없고 사슬 양쪽을 당겨도 끊어지지 않는다.

이제 다시 묻겠다.

"위와 같은 제약 조건에서 그림과 같은 조합이 과연 가능할까?"

"당연히 불가능하죠. 어떻게 큰 편자가 작은 열쇠 구멍 안으로 들어갈 수 있습니까? 아니면 처음부터 그렇게 제작한 건 아니겠죠?"

아마 대부분 이와 같이 대답하지 않았을까 생각된다. 고정관념이란 상상력의 제약이 현실을 이기는 것과 다름없다. 또 한 수 앞질러 이렇게 말한 사람도 있을 것이다.

"조합은 가능할 겁니다. 그렇지 않고서는 이런 문제를 출제할 리가 없잖아요."

옳은 말이다. 그림과 같은 열쇠와 사슬의 조합은 얼마든 가능하다. 문제는 그 답을 어떻게 찾아내느냐 하는 거다.

이 문제의 답은 이렇다. 사슬과 편자가 연결된 부위를 접은 후 그곳에 열쇠 구멍을 끼운 다음 편자를 따라 통과시키면 된다. 그러면 그림과 같은 조합이 가능해진다.

알고 보면 너무 쉽지만 많은 사람이 이 문제를 쉽게 해결하지 못한다. 절대 생각이 짧거나 머리가 나빠서가 아니다. 당신이 가진 고정관념이 가장 큰 걸림돌이다.

즉, '큰 것은 작은 것에 들어갈 수가 없다'는 기존의 사고가 유연한 사고를 방해하는 것이다. 그로 인해 발상이 더 이상 앞으로 나아가지 못하고 제자리만 빙빙 돌게 된다.

등산로를 한 번 떠올려보라.

누군가에 의해 샛길이 한 번 만들어지면 다른 등산객들도 별다른 생각 없이 그 길을 이용한다. 산림(생태계)이 파괴된다는 걸 알면서도 크게 신경 쓰지 않는다.

마찬가지로 어떤 잘못된 관행이 생기면 그게 잘못된 것임을 인지하고도 과감하게 떨쳐버리지 못한다.

이런 관성(慣性)과 작별, 즉 고정관념을 타파하려면 혹독하리만큼 과감한 혁신이 필요하다.

어떤 것을 할 수 있다는 확신(가능)은 창의적 해결의 문을 여는 첫걸음이지만, 할 수 없다는 불신(불가능)은 파괴적 생각의 시작이다.

Think
Critically

1
아이디어는 **가장 자유로운 상태**에서 나온다.

2
고정관념이라는 상상력의 제약이
현실을 이기지 못하도록 하라.

3
확신은 창의적 해결의 열쇠지만
불신은 그 자물쇠다.

이 여인의
정체는?

12

宝島社

출산을 앞둔 임신부의 모습이다.
팔뚝에는 타투, 배꼽에는 피어싱, 손톱에는 매니큐어…
여자는 무표정한 얼굴로 불룩한 배를 내려다보고 있다.
'올해 아이를 만들자'라는 카피가 보인다.

이것은 대체
무슨 광고일까?

5%가 아니라
50%를 추구해야 하는 까닭

문제가 생기면 박스 밖으로 빠져나와 생각하세요.
그리고 박스를 부숴 버리세요. 당신은 창조자입니다.
미국 시인 에드나 세인트 빈센트 밀레이(Edna St. Vincent Millay)

원가절감 5%는 불가능해도 50%는 가능하다!

이는 충격적이고 살벌하며 모순된 구호다. 경기가 호황일 때는 원가절
감에 관한 이야기가 거의 등장하지 않는다. 하지만 경기가 후퇴해 불황으
로 접어들면 경비절감과 원가절감 이야기가 자연스럽게 흘러나온다. 불
황으로 인해 매출이 크게 떨어졌기 때문이다.

그러나 매출이 오르지 않아도 이익을 확보할 수 있다면 기업 경영에 큰

문제는 발생하지 않는다. 그래서 떠올리는 것이 바로 원가절감을 통한 이익 보전이다.

실제 원가절감 5%는 불가능하더라도 그 열 배, 즉 자릿수가 다른 무려 50%가 가능하게 하려면 어떻게 해야 할까?

일단 구호의 충격에서 깨어나야 한다. 그다음에는 모순이라는 생각을 버려야 한다. 그러고는 이를 받아들여야 한다. 그래야만 단순한 목표가 아닌 반드시 실천해야 할 냉혹한 현실임을 깨닫게 될 테니 말이다.

아무튼 50%의 원가절감은 당신 조직(기업)에 부여된 지상 최대의 과제다. 어떤 식이건 50%의 원가절감은 필히 달성해야 한다.

이러한 가정 아래 필자의 단견을 몇 가지 나열했다.

첫째, 상정(想定) 가능한 범위의 연장선에 존재하는 모든 것들을 폐기한다.

늘 그렇게 해왔기에 '5% 원가절감'은 크게 받아들여지지 않는다. 따라서 시큰둥한 표정으로 몇몇 구성원만이 원가절감을 위해 노력할 것이다. 하지만 '50% 절감'이란 말에는 눈빛이 달라진다. 이 수치는 구성원 모두의 지식과 노하우 그리고 경영 마인드를 총집결(혼연일체)할지라도 회의감이 드는 수치다.

따라서 혁명 수준의 개혁이 요구된다. 먼저 구성원들이 상정 가능한 범위의 연장선에 있는 사고나 밥통은 모조리 부숴버려야 한다. 그동안 조직이 공유해온 사고에 리셋 버튼을 눌러 제로(0)에서 다시 판을 짜야 한다.

둘째, 생사가 달린 배수진(背水陣) 개념으로 받아들여야 한다.

50% 원가절감이란 폭탄선언에 대부분의 구성원은 극도의 긴장감과 절박감에 사로잡힐 것이다. 그러면서 전혀 새로운, 어쩌면 직장 생활의 모든 것이 걸린 배수진 개념으로 원가절감을 인식하고 추진하려 들 것이다.

몽땅 뒤집어보고 부숴보고 까발려보면서 문제 해결에 대한 적나라한 접근을 시도해야 한다. 그 순간 비로소 경계 너머에 존재하는 새로운 실마리를 발견하게 된다.

셋째, 기존 원칙이 아닌 나만의 원칙을 새로 만들어야 한다.

5% 절감은 몇 개의 영역이나 부분에 걸친 개선만으로도 충분히 실현 가능하다. 그러나 50% 절감을 추진하려면 모든 방면에 걸친 개혁이 필수적으로 수반된다.

일단 그간의 원칙 따위는 내려놓는다. 판을 뒤집어 나만의 원칙을 재정립한 다음 이를 어떻게 추진할지 심각하게 고민한다. 누군가의 기준에만 갇혀 살기에는 삶이 너무나 허무하다. 우리가 아는 위대한 업적의 대부분은 어느 누구도 시도한 적이 없는 자신만의 방법을 통해 달성되었다. 잊지 마라. 세상의 틀을 뒤흔든 반항아에겐 퇴장 대신 상상을 뛰어넘는 보상이 주어졌다.

넷째, 철저히 '이분법'으로 문제 해결을 시도한다.

막장에 몰려 있을수록, 복잡하게 얽혀 있을수록 당신의 사고와 행동을 단순화시키는 것이 좋다. 그게 능사다. 5% 원가절감과 50% 원가절감 사이에 존재하는 45%라는 수치상의 차이에만 주목해선 안 된다. 시작도 하기 전에 무기력해질 수 있어서다.

그렇다면 '아군과 적군'식의 철저한 이분법으로 접근해야 한다. 원가절감 과정 중에 선택과 집중을 뚝 부러지게 해야 한다.

다섯째, '개선'이 아니라 '개혁'을 추구해야 한다.

어느 해 마쓰시타전기(松下電器)는 도요타로부터 미국에 자동차를 수출해야 하니 카오디오 납품가를 30% 낮춰달라는 요청을 받았다. 담당 사업 부장은 고심을 거듭한 끝에 불가능하다는 판단을 내린다. 그러나 사장이었던 마쓰시타 고노스케의 생각은 달랐다.

"3%라면 현재의 연장선에서 원가절감을 떠올리지만, 30%라면 제품 설계 단계서부터 다시 짚어보게 된다. 그러면 30% 원가절감도 결코 불가능하진 않다."

결국 이 회사는 원점에서 설계를 분석하고 수정해 30% 원가절감에 성공한다.

조금 다른 개선(kaizen)이나 개량(improvement)을 추구하는 'Make better'가 아니라 원점에서 새로 개혁(innovation)하는 'Make new'여야 한다는 것이다. 개혁(改革)의 혁은 '가죽 혁(革)'이다. 기존의 낡고 때 묻은 가죽(피부)은 벗겨내고 말끔한 새 가죽으로 바꿔라.

Creative
창조적 파괴
destruction

●앞에서 제안한 다섯 가지를 실천에 옮길
수만 있다면, 원가절감 50%는 꿈이 아닌 현실이 될 수 있다.

'원가절감 5%는 불가능해도 50%는 가능하다!'라는 구호는 '구성원이
단결하여 총력을 쏟아부으면 무려 50%의 원가절감도 가능하지만, 그렇
지 못하면 불과 5%의 절감도 힘들다'는 역설적인 의미로도 들린다. 기업
은 왜 종종 이처럼 엄청나고 황당한 목표를 세우는 것일까? 쉽게 설명해
보자.

· 이기기 위해서 하는 게임과 지지 않기 위해서 하는 게임의 차이!
· F만 아니면 된다는 생각과 장학금을 타야 다음 학기 등록을 할 수 있다는 생
　각의 차이!
· 한 끼 식사를 위해 달리는 사자와 생존을 걸고 달리는 가젤의 차이!

둘 사이에는 얼마나 크고 다른 결과가 기다리고 있을까? 그런 결과를

잘 알고 있기에 때로는 충격요법이 지지를 받는다.

또한 기업은 원가절감 목표도 목표이거니와 무엇보다 예기치 못한 자극을 통해 혁신으로 가는 지름길을 개척할 수도 있다. 그로 인한 원가절감은 오히려 덤인 것이다.

많은 기업이 절감을 위해 노력하는 것도 중요하지만 위기가 몰려오기 전부터 꾸준히 조직을 혁신하고 변화를 꿈꾸는 창의적 모습을 보여야 한다. 물위를 우아하게 헤엄쳐 다니는 오리지만 물속 두 발은 한시도 쉬질 않고 자맥질을 하고 있다.

Think Critically

1
'개선'이 아니라 '개혁'을 추구하라.

2
기존 원칙이 아닌 나만의 원칙을 새로 만들어라.

3
24시간 365일 조직을 혁신하고
변화를 꿈꾸는 조직과 기업으로 거듭나라.

당신은
몇 점?

<u>13</u>

시험에는 두 가지 방식이 있다.
교묘히 함정을 파놓고 걸려드는지 지켜보는 시험,
평소에 배운 것을 잘 소화했는지 확인하는 시험

진정한 시험이란 전자일까?
아니면 후자일까?

8. Which of the following must be submitted when appl
   a.) College degree in Nursing
   b.) CPR Certificate
   c.) Applicant's driver's license
   d.) Recommendation letters

9. How can one apply for the job?
   a.) By calling the agency
   b.) By visiting the agency
   c.) By caring for the baby
   d.) By faxing the resumes

10. A *mature individual* is closest meaning to?
   a.) someone who can feed the baby
   b.) someone who can take good care for the bab
   c.) someone who can save the baby from strang

© Kim Kwang Hee.

○과 / 의 관계는
X와 V 의 관계라고 ?

당신이 상상하지 못하는 것은 결코 현실화시킬 수 없습니다.
꿈의 크기가 바로 결과의 크기입니다.

답의 옳고 그름을 알려주는 ○ 표시와 / 표시

앞 장의 사진에 주목하라. 누군가 치른 시험의 채점표다. 8번 문제에는
'○표시'가, 9번과 10번 문제에는 ' / 표시'가 되어 있다.

그렇다면 몇 점을 받은 것일까? 이 질문에 대다수의 사람은 이렇게 대
답한다.

"그걸 문제라고! 한 개 맞고, 두 개 틀렸는데."

분명 틀린 대답은 아니다. 적어도 우리나라에선 말이다.

잘 알고 있듯 맞은 문제에는 ○ 표시를, 틀린 문제에는 길게 비스듬히 / 표시를 하거나 X 표시를 하는 게 우리의 일반적 채점 방식이다.

이따금씩 채점을 할 때 아이들이 맞은 문제에는 크고 진하게 ○ 표시를 하지만, 틀린 문제에는 아무런 표시를 하지 않는 사람도 있다. 틀린 문제를 아이들에게 다시 풀게 한 뒤 정답이면 ○ 표시를 해주어 공부에 흥미와 자신감을 가지도록 하기 위함이다. ○ 표시로 가득한 채점표를 받곤 흐뭇해하는 아이들의 미소를 떠올려보라. 충분히 납득이 간다.

솔직히 채점을 당하는 입장에서는 / 표시나 X 표시가 유쾌하게 느껴지지 않는다. 이처럼 우리의 채점 방식은 ○ 표시와 / 표시(X 표시)를 통해 아이들에게 답의 옳고 그름을 알려준다.

그렇다고 이걸 글로벌 표준이라곤 생각하지 말라. 어디까지나 대한민국의 방식이고 관행일 뿐이다.

앞서 던진 질문(몇 점?)에 대한 정확한 답변을 한다면 세 문제 가운데 두 개는 정답, 한 개는 오답이다. 8번 문제는 오답, 9번과 10번 문제는 정답이라는 것이다. 오히려 그 반대가 아니냐고 항변할지도 모르지만 그렇지 않다. 이는 한국이 아닌 필리핀의 영어 시험 채점표다.

필리핀의 채점 방식은 독특하다. 오답에는 ○ 표시를, 정답에는 / 표시를 한다. 우리와는 정반대다. 흥미롭기 그지없다.

Best
에듀테인먼트로 거듭나기!
edutainment!

●수년 전부터 많은 초중고생과 대학생들이 필리핀으로 어학연수를 떠나고 있다. 그 가운데 한 학생이 귀국해 들려준 이야기가 뇌리에 선명하다.

"최악의 결과인데도 채점표에 ○표시가 많아 기분이 야릇했습니다."

이것은 우리나라 사람들만이 느끼는 감정일 수 있다.

우리의 채점 방식은 미국과도 다르다. 미국에서는 틀린 문제에는 ○표시를, 맞은 것에는 V 표시를 한다. 무슨 생각으로 그런 표시를 하는 걸까? V 표시를 하는 것은 정답을 맞혀 승리했다는 의미 'Victory'의 V가 아닐까? 이는 필자의 생각이다.

우리 교실의 평화도, 우리 가정의 행복도, 우리 두뇌의 창의력도 모두 고정관념을 벗어던지는 것에서부터 시작된다. 지금까지와 다른, 우리 아이들에게 해줄 수 있는 또 다른 채점 방식을 떠올려보라.

지금껏 학습과 시험이란 대체 무엇이었는가? 따지고 보면 부족한 것을 채워주는 것, 실수를 최대한 줄여주는 것이었다. 덧붙여 교육은 '벌(罰) 주기' 중심이었다.

미래의 꿈과 자산인 아이들을 ○과 / 의 두 선택지 가운데 어느 편에 붙을지, Yes 아니면 No로만 답해야 하는 절박한 상황으로 내몰지 말아야 한다. 또한 벌(罰) 주기' 중심에서 '상(賞) 주기' 중심의 교육으로 축이 이동되어야 한다.

왜(why), 누가(who), 만약(if)이라는 호기심을 중심에 둔 교육이 필수적이다. 교육은 흥미와 체험이라는 오락성이 결부된 '에듀테인먼트(edutainment)'로 거듭나야 한다. 그래야 미래가 있다.

Think Critically

1
모든 교육은 '벌 주기'에서
'상 주기' 중심으로 바뀌어야 한다.

2
교육은 흥미와 체험이 결부된
에듀테인먼트로 거듭나야 한다.

엄마는 봉춤 댄서?

창의력은 서로 다름을 수용하는 것에서 나옵니다.
미국 센트럴 세인트 마틴의 패션디자인 학과장 윌리 월터스(Willie Walters)

미국의 한 초등학교 1학년 교실.
수업 말미에 담임 선생님이 아이들에게 숙제를
내주었다.
"내일까지 엄마가 일하는 모습을 그려오세요."
집에 돌아온 자넷은 거실 바닥에 엎드려 턱을
괸 채 고민에 빠졌다.
"뭘 그리지?"

잠시 뒤 자넷은 하얀 도화지에 크레용으로 뭔가를 그려나가기 시작했다. 그림을 완성한
뒤 위아래 여백에 이런 문구도 적었다.
"나도 크면 엄마처럼 될래요(When I grow up, I want to be like mommy)!"
엄마에 대한 어린 딸의 절절한 사랑과 신뢰가 묻어나는 대목이다.
다음 날, 자넷은 담임 선생님에게 그림을 제출했다.
며칠이 지난 뒤에 담임 선생님은 반 아이들의 그림을 스캔해 학교 홈페이지에 올렸다.
한 네티즌이 우연히 자넷의 그림을 발견하고는 이를 자신의 사이트로 옮겨갔다. 그러면
서 논란이 일기 시작했다.
그림 속 긴 머리의 엄마는 유흥업소에서 봉춤을 추는 댄서이고, 짧은 머리의 남자들은
그 춤을 보고 팁을 내미는 손님이라는 메시지가 네티즌들 사이에서 급속히 퍼져 나갔다.
네티즌들은 분노했다. 어떻게 유흥업소 댄서가 자기 직업을 어린 딸에게 당당히 알릴 수

있냐는 것이었다.

혹시 이 그림을 접한 당신도 그렇게 생각했는가? 잠시 머리를 식히고 다시 한 번 자넷의 그림을 보라. 정말 이 그림이 네티즌들의 생각처럼 '유흥업소에서 봉춤 추는 여성'으로 보이는가?

사실 자넷의 엄마는 댄서가 아니다. 자넷의 엄마는 집 꾸미는 데 필요한 온갖 재료를 판매하는 'Home Depot'에서 일하고 있다.

어린 자넷은 엄마가 일하는 모습을 생각하다가 폭설이 내린 지난겨울을 떠올렸다. 그러고는 쌓인 눈을 치우기 위해 삽을 사려는 주민들에게 열심히 삽을 판매하는 엄마의 모습을 그린 것이다.

진실은 그러했음에도 어른들(네티즌)은 세상의 갖은 오염에 찌든 왜곡된 모습만을 떠올렸다. 순진무구한 동심을 둘러싸고 벌어진 한바탕 소동은 기성세대에게 고정관념의 무서움과 파괴력을 적나라하게 보여줬다.

PART 2
고정관념 타파와
창의적 발상 사례

Part 2에서는 그간 무심히 쌓아둔
무수한 고정관념을 하나씩 깨뜨려보고자 한다.
이를 위해 창의적 발상에 영감을 더해줄
흥미로우면서도 독특한 국내외 사례들을 집중 거론한다.
독자들에게는 창의력의 효용과
그로 인한 결실들을 새롭게 음미하는
소중한 시간이 될 걸로 믿는다.

그들이
천재인 까닭

<u>**01**</u>

아인슈타인, 피카소, 간디, 마틴 루서 킹,
무하마드 알리, 에디슨, 스티브 잡스…
그들은 때론 미치광이라 불리지만
우리는 그들을 천재라 생각한다.

그들은
인류를
변화시키고 진전시켰다.

애플의 'Think different' 캠페인

Think
different
!

저는 제가 좋아하지 않는 사람도 망설임 없이 후원합니다.

아니, 오히려 그런 반항아들, 그런 타입들에게 큰 기대를 걸고 있습니다.
그런 사람이 주변에 충분히 존재하고, 또 그런 사람을 참아줄 인내심이 있다면
그 기업은 무한히 성장할 겁니다.
전 BM 회장 토머스 왓슨(Tomas J. Wattson)

애플의 끊임없는 진화와 혁신 비법은 무엇일까?

'생모는 미혼모, 입양아, 대학 중퇴자, 외톨이, 채식주의자, 시시콜콜한
참견자, 자기중심적이며 완벽주의자, 편집광!'

대체 어떤 사람이 이렇듯 많은 부정적 수식어를 달고 사는 걸까? 삶이
팍팍하고 애처로울 것이라는 생각이 절로 든다.

이번에는 그의 외모를 살펴보자.

PART
2

'짧은 머리(대머리), 텁수룩한 수염, 까만 하프 터틀넥 상의, 철 지난 헐렁한 청바지, 두 발에는 뉴발란스 흰 운동화.'

이는 애플의 최고경영자(CEO)인 스티브 잡스(Steve Jobs)를 수식하는 말들이다.

생전 잡스가 세계적으로 주목을 받았던 이유는 창의적 문제 해결 능력과 본 적도 들은 적도 없는 것에 대한 끝없는 도전 정신 때문이었다.

그는 누구보다 파란만장한 삶을 살아간 인물이다. 한때 경영 분쟁에 휘말려 자신이 만든 회사에서 쫓겨난 일도 있다. 아마 당시의 트라우마(정신적 외상)는 꽤나 컸을 듯하다.

실제로 잡스는 "황당했고 망연자실했으며 인생의 초점을 상실했다"고 말했다. 반면 그 시간을 '최고의 행운'이라고도 표현했다.

그가 떠난 애플은 마이크로소프트와 인텔에 밀려 파산 직전까지 내몰

렸다. 그때 다시 잡스를 구원투수(interim CEO)로 불러들인 애플은 창의
와 혁신을 모티브로 시장에서 대성공을 거두면서 세계 시장에 애플 신드
롬을 불러왔다.

이 가운데 우리 머릿속에 생생하게 각인된 광고 하나가 있다.

잡스가 애플에 복직한 후에 내건 캠페인 문구다. 애플뿐 아니라 광고업
계에서도 "이 광고는 하나의 분기점이 되었다"고 할 만큼 높은 평가를 받
았다.

이 문구에는 '사물에 대한 관점을 바꿔 고정관념을 철저히 배제한 새로
운 발상'을 하자는 깊은 의미가 담겨 있다.

캠페인에는 세계를 바꾸려 한 사람들이 등장했다. 아인슈타인, 피카소,
간디, 마틴 루서 킹, 존 레논, 오노 요코, 무하마드 알리, 에디슨, 스티브 잡
스 등 세계적으로 유명한 인사들이 광고 프로모션에 기용돼 엄청난 주목

을 받았다.

그들이 어떤 사람들인가? 항상 남들과 한 차원 다른 독창적 사고로 세상을 놀라게 한 시대의 주인공들이 아니었던가!

캠페인에 이어 과히 혁명적이라 할 수 있는 누드 컴퓨터 아이맥(iMac)을 세계 시장에 출시하면서 애플은 큼직한 150미터짜리 장외 홈런포를 쏘아 올렸다.

'Think Different' 캠페인을 더욱 부각시킨 것은 광고 캠페인에 삽입된 내레이션이었다. 〈청춘 낙서(American Graffiti)〉의 주연이었던 미국 영화배우 리처드 드레이퍼스(Richard Dreyfus)가 〈미친 자들에게 축배를(Here's to the crazy ones)〉이라는 제목의 시를 낭독했다.

여기 미치광이들이 있다.

현실 부적응자들

반항아들

문제아들

네모난 구멍에 둥근 막대를 꽂는 이들

사물을 다르게 바라보는 이들

그들은 규칙을 싫어한다.

그리고 그들은 현상 유지를 달가워하지 않는다.

그런 그들을 칭찬하는 것도, 반대하는 것도, 인용하는 것도,

믿지 않는 것도, 명예를 부여하는 것도,

비방하는 것도 모두 당신의 자유다.

하지만 어느 누구도 그들을 무시할 수는 없다.

왜냐하면 그들은 세상을 바꾸어놓았기 때문이다.

그들은 인류를 진전시켰다.

이런 그들은 미치광이라고 불리지만,

우리는 그들을 천재라 생각한다.

세상을 바꿀 수 있다고 확신하는 미치광이들이야말로

진정으로 세상을 바꿀 수 있기 때문이다.

어떤가? 가슴 뭉클하지 않는가? 이 시는 창의력이 지닌 본연의 가치와 힘을 너무도 생생히 전달해주고 있다.

Stay Curious, Stay Creative
세상에서 제일 무서운 인간?

●의도적이든 그렇지 않든 캠페인 문구 'Think different'를 두고 무수한 논쟁이 오갔다. 'Think Different'는 문법적으로 틀렸기에 'Think Differently'로 사용해야 한다는 것이다.

분명 문법적으로는 문제가 있다. 하지만 이 문구는 소비자들의 머릿속에 호기심과 상상력을 불러일으키면서 또 다른 관점으로 세상을 보자는 메시지를 던진다. 게다가 '-ly'보다는 어감이나 리듬도 훨씬 좋다.

어차피 광고는 소비자의 머릿속에 어떻게, 얼마나 각인되느냐가 관건이다.

문법 논란이 전 세계를 강타할 무렵, 당시 애플은 쾌재를 불렀을 것이다. 입소문을 통해 저절로 홍보가 되니 그렇지 않겠는가.

결국 'Think Different'는 애플 부활의 서막을 알리는 거대한 축포였다. 덩달아 매출도 V자 회복을 보였다. 굳이 'Think Different' 캠페인이 아니었더라도 애플은 잡스의 지휘 아래 재기에 성공했을지도 모른다. 하지만 애플에 대한 고객의 인식은 현재와 180도 다른, 그저 그렇게 성공한 하나의 회사쯤으로 여겨졌을 수도 있다.

그래선지 'Think Different'는 잡스가 아니고선 감히 떠올리기 힘든 독창적이고 혁신적인 표현이라 하겠다.

잘 알려진 일화다. 잡스는 지난 2005년 스탠퍼드 대학에서 축사를 했다. 그의 진짜 모습은 축사가 거의 마무리될 즈음에 드러났다.

"Stay Hungry, Stay Foolish!"

그의 말에는 늘 배고파 무언가를 갈구하고, 늘 어리석어 엉뚱한 도전을 멈추지 말아야 한다는 창의적 메시지가 담겨 있다. 그래서 더욱 감동적이다.

잡스는 치유가 거의 불가능하다는 췌장암으로 인해 죽음의 문턱을 경험한 사람이다. 그런 까닭에 생전 그의 모습에서 실패의 두려움이나 부담감 따위는 찾아보기 힘들었다. 자신의 운명을 예견이라도 한 듯 그는 이런 말을 했다.

"삶의 최고 발명품은 죽음이다. 죽음은 인생을 변화시키고 새로움이 낡은 것을 버릴 수 있게 하기 때문이다. 그러니 다른 사람의 생각(dogma)으로 한정된 인생을 낭비하지 말라."

한 시대의 거인이 떠났다. 이제 그는 전설이 되었다. 잡스가 우리에게 남긴 유산은 바로 '창의력'이다. 그가 역사상 가장 위대한 창의력의 소유자 중 한 사람이라는 것에 이의를 제기할 사람은 없다. 되돌아보면 한 사람이 가진 창의력이 지구촌 사람들의 삶에 얼마나 지대한 영향을 미쳤는지 새삼 경이로울 따름이다.

Thank you Jobs!

Think
Critically

1
창의적 문제 해결을 위한 **노력**과
본 적도 들은 적도 없는 것에 관한 **도전**을 멈추지 말라.

2
네모난 구멍에
둥근 막대를 가져다 꽂아라.

3
Stay Curious, **Stay Creative!**

같은 곳의
다른 세계

02

© Kim Kwang Hee

자동차로 로스앤젤레스 도심을 둘러본다.
로데오 거리와 비버리힐스로 이어지는 화려함!
그 주변의 빈부격차가 연출하는 각양각색의 부조화!
사진 속의 이중구조(二重構造),
이것이 미국의 본모습일까.

두 도시의 운명을 가른
어떤 생각

!

우리는 오늘 우리의 생각이 데려다 놓은 자리에 존재합니다.
우리는 내일 우리의 생각이 데려다 놓을 자리에 존재할 것입니다.
영국 문학가 제임스 앨런(James Allen)

생각의 차이는 결과의 차이를 만든다.

얼마 전 '창의력을 묻는다'라는 주제를 가지고 경기 사립고 교장 선생
님 대상으로 강의를 했다. 그 강의에 활용한 자료 중 하나가 앞 장의 사진
이다.

필자는 교장 선생님들에게 이 사진을 가리키며 사진 속에서 특이점 하
나를 찾아보라고 했다. 예상대로 교장 선생님들은 근엄한 표정으로 입을

굳게 다물고 있었다. 아마 사진 속의 특이점을 발견하지 못한 분도 있었을 것이고, 설령 발견했다 치더라도 주변 눈치를 살피며 말을 아낀 분도 있었을 것이다. 또 "무슨 얘긴지 어디 한번 해봐라!" 하며 팔짱을 낀 채 묵상에 잠긴 듯 뵈는 선생님도 있었다.

침묵이 길어지며 싸한 냉기가 돌 무렵 40대 초반의 한 선생님이 번쩍 손을 들었다.

"저기 도로 중간에 노란 선 두 개가 보여요."

이 말에 침묵이 깨지며 다른 선생님의 의견도 이어졌다.

"백미러가 보여요."

"도로 옆에 세워진 차들이 좀 이상한데요."

다양한 의견이 쏟아져 나왔음에도 사진 속 특이점을 발견한 선생님은 없었다. 사실 비밀은 '가로수'에 있다. 도로를 경계로 좌우에 뻗어 있는 가로수들을 유심히 보라. 놀랄 만큼 확연한 차이를 보인다.

먼저 사진 왼쪽에 있는 가로수를 보자. 하늘을 찌를 듯 쭉쭉 뻗은 야자수가 늘어서 있다. 그 옆 동네 산타모니카 해변에 가면 무수히 볼 수 있는 가로수들이다. 반면 오른쪽에 심어진 가로수는 어느 곳에서나 쉽게 발견할 수 있는 그저 그런(?) 나무들이다. 둘 사이의 대비는 양극화의 전형처럼 비친다.

참 신기하다. 도로 하나를 경계로 가로수들이 극명하게 다른 이유는 어디에 있을까?

Creative Leader
20년 후 당신의 평가는?

●앞서 소개한 사진은 미국 학회 발표가 끝나고 들른 LA(Los Angeles)에서 우연히 찍은 것이다.

사진 왼쪽은 미국인들이 가장 동경해 살고 싶어 한다는 전미 최고의 부촌 베벌리힐스(Beverly Hills)시다. 할리우드가 가까이에 있어 유명 영화배우나 사업가, 전문직 종사자들이 정착하면서 현재와 같은 호화로운 고급 주택단지가 형성되었다고 한다. 그리고 사진 오른쪽은 LA시다. 도로 중앙은 두 도시의 경계선이다.

캘리포니아 LA카운티(Los Angeles County)에 있는 두 도시이지만 삶의 수준은 앞 사진처럼 하늘과 땅만큼이나 크다. 가로수는 그런 라이프스타일의 격차를 명료하게 대변해 주는 듯하다. 야자수가 가로수인 곳은 부자 동네라고 하는데 사실인가 보다.

한편 이런 생각도 해보았다. 사진 속의 가로수 크기만큼 나무가 성장하려면 적어도 20년 아니, 30년 이상은 걸릴 법하다. 이런 가로수의 차이는 30년 전 이들 도시에 부임한 두 시장(市長)의 생각을 엿볼 수 있는 유용한 잣대가 아닐까 한다.

두 도시가 가진 재원, 즉 돈이 현재의 모습을 결정지었다고 하면 약간 허탈해질지도 모른다. 하지만 필자 생각에는 당시 두 시장 사이에 돈 이상으로 뭔가 보이지 않는 차이가 존재했을 것 같다. 그 무언가는 미래에 대한 통찰력과 창의력이었다.

당신은 30년 뒤 세상 사람들로부터 어떤 평가를 받고 싶은가? 톡톡 튀는 창의력의 소유자? 타성에 젖은 고정관념의 소유자?

Think
Critically

1
작은 생각의 차이가
엄청난 결과의 차이를 낳는다.

2
30년 뒤 주변 사람들로부터
어떤 평가를 받고 싶은지 생각해보라.

선형 대(對) 비선형의 싸움

03

지도 속의 빨간 점들은 마지노선이다.
프랑스가 구축한 철통같은 방어선이다.
드디어 제2차 세계대전이 터졌다!
검정 선은 독일군의 프랑스 침공 루트다.

결국
마지노선=무용지물?

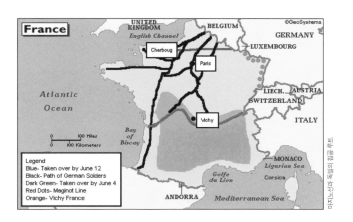

마지노선이 야기한
치명적 결과

!

미래는 결코 과거를 기초로 설계할 수 없다.
You can never plan the future by the past.
영국 정치사상가 에드먼드 버크(Edmund Burke)

마지노선, 선형적 세계관이 야기한 최악의 산물!

마지노선! 이 말은 우리 일상에서 '더 이상은 허용할 수 없는 한계선'이
라는 대명사로 자주 사용된다.

'지수 2,500선이 투자자들에게는 심리적 마지노선이다.'

'○○법은 내일 오전이 마지노선이다.'

'민주주의 최후의 마지노선 명동성당!'

본문에선 더 이상 양보할 수 없는 마지막 보루라는 의미의 마지노선이 아니라, 방어용 장벽 '마지노선(Maginot line)'에 관한 이야기를 하고자 한다.

프랑스는 잘 알려진 대로 제1차 세계대전 동안 독일의 침공 때문에 엄청난 인적 · 물적 피해를 입었다. 이후 독일은 패전했지만 프랑스는 독일의 위협으로부터 완전히 자유롭진 못했다.

프랑스는 세계대전 당시 독일군의 맹렬한 포병 공격에도 프랑스 군대가 견뎌낼 수 있었던 것은 근대적 요새 덕분이었고, 방어용 요새는 소규모 병력으로도 운용 가능하다는 독자적 판단을 한다.

그에 따라 1930년부터 1940년까지 총 공사비(유지비) 약 300억 프랑이라는 어마어마한 비용을 투자해 프랑스와 독일 두 나라의 국경을 가로지르는 (북서부 벨기에 국경에서 남동부 스위스 국경까지) 총연장 750km의 대규모 근대적 요새를 구축했다.

요새는 당시 축성 기술의 정수를 결집시켰으며 지형과 지세를 적절히 방어선으로 활용했다. 여기에다 충실한 지하 설비와 대전차(對戰車) 방어 시설, 무려 3.5m에 이르는 콘크리트 벽 등을 쌓아올려 난공불락(難攻不落)의 요새를 꿈꾸었다. 그리고 요새의 주요 창안자이자 당시 프랑스 육군 장관이었던 '앙드레 마지노(Andrè Maginot)'의 이름을 따서 이곳을 '마지노선'이라고 명명하였다.

1940년 5월, 프랑스의 예상대로 독일군 침공이 시작됐다. 이를 대비해 사전 구축한 마지노선이 마침내 큰 활약을 펼칠 수 있는 기회가 다가왔다.

Non-linear
180도 뒤틀린 예측

●어찌 이런 허망한 일이 다 있을까! 독일군의 침공 루트는 프랑스의 예상을 완전히 벗어났다. 독일군 전차는 마지노선을 우회해 벨기에 국경의 '아르덴(Ardennes)'을 기습적으로 돌파했다. 산림지대로 이루어진 아르덴은 전차는 고사하고 보병들의 통과조차도 힘든 곳이었다. 그 때문에 프랑스는 이곳에 제대로 된 요새 하나 세울 계획을 갖지 못했다. 프랑스는 독일군에게 단단히 허를 찔렸다.

게다가 제2차 세계대전에서는 비행기가 본격적으로 전투에 활용되면서 독일군은 마지노선의 하늘을 날아 무차별적으로 공격해 들어왔다.

과거처럼 요새를 활용한 정면 승부만 꿈꿔왔던 프랑스군은 우회한 독일군 전차와 마지노선 위를 넘나드는 독일군 비행기에 두 손 두 발 다 들어버렸다. 개전 한 달 남짓 만에 수도 파리가 함락되면서 프랑스는 독일군에게 무릎을 꿇어야 했다.

마지노선이 던지는 가르침은 무엇일까? 바로 이것이 아닐까!

'과거를 되돌아보는 것만으로는 결코 미래를 준비할 수 없다.'

프랑스의 선형(線形)적 사고 아래 구축된 마지노선은 비선형(非線形)

적 사고를 바탕으로 독일군의 침공이 이루어지면서 프랑스를 닭 쫓던 개로 만들어버렸다. 게다가 마지노선에 투자된 막대한 건설비는 프랑스군의 근대화를 압박하는 결과까지 초래했다고 하니 이 얼마나 어처구니없는 일인가! 이런 마지노선은 1944년 연합군의 노르망디 상륙작전으로 수세에 몰린 독일군의 방어 거점으로 활용되면서 비극적 운명의 주인공이 되었다.

이제 더 이상 마지노선을 최후의 보루라는 의미로 사용하지 말자. 그보다는 선형적 세계관이 야기한 최악의 산물이라 표현하면 어떨까? 그래야만 우리가 지닌 고정관념을 깨는 큰 교훈으로 삼을 수 있지 않을까!

Think Critically

1
마지노선은 선형적 세계관이 야기한 최악의 산물이다.

2
과거를 되돌아보는 것만으로 **미래**를 준비할 수는 없다.

창의력에 미쳐라

163

장사가 잘돼
문 닫은 가게

<u>**04**</u>

라멘집 앞에서 차례를 기다리는 사람들

족히 2시간은 기다려야 맛을 볼 수 있는 라면.
그런 문전성시 라면집이
이웃에게 폐를 끼치지 않겠다면서 문을 닫았다.
도쿄의 허름한 라면집
로쿠린샤(六厘舍) 이야기다.

사실일까?
라면이 용기를 보호한다

?

고통받는 이의 배고픔을 덜어 주었고,
바쁜 이의 시간을 덜어준 공로로 노벨평화상을 수상함.
그 수상자, 라면!

최고의 역발상 제품! 그 이름은 컵라면!

'요리 솜씨 불문!'

'취사도구 불요!'

'어디서건 뜨거운 물만 있으면 3분 만에 뚝딱 완성되는 음식!'

이는 모두 컵라면을 가리킨 표현이다.

컵라면은 등장할 당시부터 편리함 때문에 '마법의 라면'이라 불리기도 했다. 현재 라면의 최대 소비처는 단연 편의점이라고 한다. 이는 편리함은 물론 다양한 종류 때문이다.

인스턴트 라면은 안도 모모후쿠(安藤百福)라는 사내가 개발한 발명품이다. 당시 그의 나이는 48세였다. 1957년에 신용조합 파탄으로 전 재산을 날린 안도 모모후쿠는 이전부터 관심을 가졌던 인스턴트 라면 개발에 착수한다. 개발이라고는 하지만 당시 그에겐 돈도, 노하우도, 인력도 없었다. 그래서 자택 뜰 모퉁이에 작은 창고를 하나 세운 후에 홀로 면(麵) 연구를 할 수밖에 없었다.

얼마 지나지 않아 그는 면 배합과 스프 제조에 어느 정도 성공한다. 그러나 면의 적절한 건조 방법을 찾지 못해 1년이란 세월을 더 허송했다.

어느 날, 그는 아내가 부엌에서 튀김 만드는 모습을 우연히 보게 된다.

"그래, 튀김 원리를 응용해보자."

고온의 기름 속에 면을 집어넣자 온도 차이로 수분이 빠져나가면서 면이 건조 상태로 바뀌었다. 여기에 다시 뜨거운 물을 붓자 수분이 빠진 구멍 사이로 물이 들어가 잠시 뒤 원래의 부드러운 면이 되는 게 아닌가.

이렇게 만들어진 최초의 인스턴트 라면이 바로 '치킨 라면'이다. 치킨 라면은 폭발적인 인기를 얻으며 히트 상품 반열에까지 오른다. 라면은 "들판의 나무 한 그루보다는 숲이 더 번창한다"는 모모후쿠의 신념처럼

창의력에 미쳐라

167

전 세계로 빠르게 퍼져 나갔다.

그러다 1970년대에 들어서면서 인스턴트 라면은 성장률 둔화와 시장 포화라는 거대 장벽과 부딪힌다. 새로운 위기에 봉착한 것이다. 모모후쿠는 이에 굴하지 않고 또 다른 제품 개발에 뛰어들었다.

사업차 미국을 방문했을 때다. 슈퍼마켓 바이어들에게 일본에서 가지고 간 치킨 라면의 시식을 부탁했다. 그러자 그들은 모두 고개를 갸웃거렸고 뭔가 망설이는 듯 보였다.

샘플 라면을 담아 시식할 수 있는 적당한 용기가 없었던 것이다. 이윽고 그들이 꺼내든 것은 종이컵이었다. 그들은 샘플 라면을 잘게 나눠 종이컵에 넣고 뜨거운 물을 부은 후에 포크로 찍어 먹기 시작했다. 그리고 시식을 마친 후에 그 종이컵을 휴지통에 버렸다. 이 모습을 지켜보던 모모후쿠는 순간 놀라운 영감을 얻었다.

'서양인들은 젓가락과 밥그릇을 사용하지 않아. 그렇다면 컵 속에 면을 넣어 포크로 먹을 수 있게 만들면 되겠는걸!'

컵라면이라는 새로운 제품을 탄생시킨 금쪽같은 아이디어는 바로 여기서 착안했다.

Bravo ramen!
개발을 둘러싼 기막힌 사연

●컵라면의 개발 과정은 생각만큼 순탄치 않
았다. 이런저런 장벽이 앞을 가로막았다.

첫 번째 장벽, 라면이 들어갈 용기(그릇)

먼저 도자기와 유리, 종이, 플라스틱, 금속 등으로 만든 용기를 닥치는
대로 수집해 실험에 착수했다. 그 결과, 당시 일본에서 신소재로 출시되
고 있던 발포스티롤에 주목하게 되었다. 가벼우면서도 단열성이 높고 경
제성도 우수했기 때문이다. 그러나 당시 발포 스티롤은 주로 생선을 담을
때 사용하는 상자로 활용되었으며 두께는 무려 2cm나 되었다. 식품 용기
로는 도저히 사용할 수 없었다.

라면 용기는 얇고 통기성이 적은 것이어야 했다. 오랜 고민 끝에 모모
후쿠는 용기 두께를 2.1mm까지 얇게 만드는 데 성공했다. 용기 크기와
형상은 '한 손으로 집어 들 수 있는 크기'로 결정해 제작에 들어가려 했으
나 당시 일본에는 일체 성형이 가능한 기계나 회사가 없었다.

결국 미국의 한 회사에서 기술을 도입해 합병 회사를 차렸다. 이후에도
컵라면 용기가 세상에 나오기까지는 많은 에너지와 시간이 소요되었다.

이처럼 컵라면 개발은 라면 그 자체가 아니라 적절한 용기 개발에서부터 무수한 시행착오를 거쳐야 했다.

두 번째 장벽, 밀도

컵라면 속에 들어 있는 라면의 형태를 생각해본 적이 있는가. 혹시 그런 경험이 없다면 지금이라도 자세히 살펴보기 바란다. 힌트를 한 가지 준다면, 라면 밀도는 대단히 중요하다. 이를테면, 컵라면 밀도를 균등히 한 다음 그 위에 뜨거운 물을 부으면, 윗부분은 부드럽고 아랫부분은 딱딱한 상태의 라면이 완성된다. 이는 뜨거운 물이 위로 향하고 다소 낮은 온도의 물이 아래에 머물면서 나온 결과다. 이 때문에 그 상태로는 안 된다. 컵 안에서 면이 골고루 익어야 소비자는 라면을 맛있게 먹을 수 있다.

모모후쿠는 라면 밀도 문제로 실패에 실패를 거듭했다. 그러다 튀김을 만들 때 잘 튀겨진 튀김이 자연스레 위로 떠오르는 성질을 발견하고는 이를 응용하기에 이르렀다. 즉, 라면 윗부분은 조밀하게, 아랫부분은 약간 엉성한 형태의 라면을 완성한다. 오른쪽 사진을 주목하라.

세 번째 장벽, 곧잘 망가져 버리는 용기

컵라면이 컵라면으로 존재할 수 있는 핵심 요건은 무엇일까? 바쁜 현대인들이 장소에 구애받지 않고 한 끼를 때울 수 있다는 측면에서 컵라면의 첫 번째 조건은 뭐니 뭐니 해도 '스피드'다.

그렇다면 짧은 시간 안에 면이 부드러워져야 하고, 용기가 외부 압력

조밀한 모습

엉성한 모습

라면이 떠 있음

등으로 인해 쉽게 망가져서는 안 된다. 만약 누수라도 생긴다면 그런 용기에 담긴 라면은 컵라면으로서의 생명을 다한 거나 진배없다. 이런 불안은 개발 초기부터 현실로 대두되었다. 수출 혹은 유통 과정 중에 컵라면 용기가 쉽게 망가져 버리곤 했다.

마침내 모모후쿠가 떠올린 생각은 라면을 용기 속에 떠 있도록 하는 것이었다. 앞의 사진에서도 알 수 있듯이 라면 지름을 용기 바닥의 지름보다 크게 만들어 라면을 그 중간에 꽉 고정시키는 중간보지(中間保持) 기술을 완성한 것이다.

라면이 중간에 고정되어 용기의 지지대 역할까지 함으로써 외부 압력에도 용기가 망가지는 것을 방지할 수 있게 되었다. 그 결과, 해외로 수출되는 과정에 다소 험하게 다뤄지더라도 컵라면은 쉽게 망가지지 않았다. 이 기술은 실용신안으로 등록되어 예기치 못한 엄청난 부가 효과도 가져왔다.

쉽게 설명하면 이렇다. 사과 상자의 존재 의의는 무엇일까? 사과 보관이나 운반 편의성일 수도 있지만 그 안에 들어 있는 내용물(알맹이), 즉 사과가 상처를 입지 않도록 안전하게 보호하는 것이다. 하지만 이런 원리를 거스르는 것이 세상에 있다면, 그건 바로 컵라면이 유일하다. 용기 속의 라면은 보호받아야 하는 내용물인 동시에 용기를 안에서 떠받치는 지지대 역할을 한다는 점에서 최고의 역발상 제품이다. 이런 과정을 거쳐 개발된 세계 최초의 컵라면 '컵누들'은 발매 초반에는 좀처럼 매출이 늘지 않았다. 하지만 야외에서도 손쉽게 라면을 먹을 수 있다는 편리성 때문에 차츰 인기를 얻기 시작했다.

우리나라에서는 1981년 농심이 국내 최초로 사발 형태의 용기면 '사발면'을 내놓아 컵라면 시대의 서막을 열었다.

직접 끓여야 하는 기존의 봉지 라면과 달리 끓는 물만 부으면 몇 분 안에 곧바로 먹을 수 있는 컵라면은 바쁜 현대인들의 생활 속에 새로운 식사 문화로 자리매김한다. 그런 컵라면! 알고 보니 창의력의 집합체였다.

Think Critically

1
위대한 영감은 늘
예상외의 상황에서 나온다.

2
갖은 장벽과 난관은
역발상으로 가는 지름길이다.

마음의
여유

05

초콜릿힐로 유명한 필리핀 보홀.
정글을 거슬러 올라가는 로복강 투어 도중에
할아버지와 어린 손자를 만났다.
깊은 상념에 잠긴 듯한 할아버지,
호기심이 가득해 보이는 손자.

절묘한 대비에서
여유가 느껴진다.

©Kim Kwang Hee

빨리 가려면
다음 지하철을 타라

삼성전자 등기이사의 평균 보수액(2017년)은,
48억 3,700만 원이었다.
그 대가는 큼직한 머리를 소유하고 있어서가 아니라
그 머리를 창의적으로 활용했기 때문이다.

환승객이 가장 많은 지하철역은?

이 역의 승강장에는 종종 이상한(?) 안내 방송이 들린다.

"다음 열차를 이용하시면 더 빨리 갈 수 있습니다."

이 역을 자주 이용하는 승객들에게는 아주 익숙한 안내 멘트다. 대체

이곳은 어디일까? 바로 2호선 신도림역이다.

왜 하필 바쁜 출퇴근 시간대에 그런 모순되는 안내 방송을 내보내는 걸
까? 뒤따라오는 열차가 어떻게 앞서 가는 열차보다 빨리 갈 수 있단 말인
가! 자동차가 다니는 일반 도로라면 얼마든 추월이 가능하기에 설득력이
있지만, 철로에서는 말도 안 되는 주장이다.

그 때문인지 공공장소에서 흘러나오는 안내 방송임에도 좀체 신뢰가
느껴지지 않는다. 하지만 이런 안내 방송을 내보내는 데는 분명 그 나름
의 까닭이 있을 법하다.

사실 알고 보면 그 안내 방송 내용에는 아무런 하자가 없다.

결코 모순되거나 잘못된 말을 하고 있는 것이 아니다. 출퇴근 시간대의 지하철 모습을 떠올려보라. 이미 승객이 가득 차서 발 디딜 곳조차 없는 지하철에 무리하게 올라타려는 사람이 제법 있다. 이들에게 "뒤에 후속 열차가 있습니다"라는 안내 방송은 들리지 않는다. 다들 시간에 쫓기기 때문이다. 무심하게도 문만 열렸다가 닫히기를 반복한다.

그로 인해 지하철은 짧게는 수십 초에서 길게는 수 분 늦게 출발하는 일이 다반사다. 하지만 실제로 승객들이 다음 지하철을 이용하게 되면 곧바로 출발할 수 있어 목적지에 더 빨리 도착할 수 있다.

다시 말해, 뒤따라오는 지하철이 앞서 가는 지하철을 추월하는 것이 아니라 앞뒤의 열차 속도가 동시에 빨라질 수 있다는 얘기다. 그러니 안내 멘트와 같은 논리가 성립된다.

이러한 원리가 가능해지는 이유는 일반 기차와 지하철의 정차역 거리에 있다고 한다. 지하철은 기차와 달리 정차역 사이의 거리가 짧기 때문에 속도를 내더라도 전체 구간의 평균 속도에 미치는 영향이 미미하다. 게다가 지하철의 정차역은 일반 기차의 정차역보다 훨씬 많다.

Slow Slow
욕속부달이라고?

●가급적 지하철이 해당 역에 정차하는 시간이 짧으면 짧을수록 목적지에 빨리 도착할 수 있다.

한국철도연구원이 측정한 '출퇴근 시간 지하철이 어떤 과정으로 지연되는지'에 대한 조사 결과를 잠시 짚어보자.

일단 한 번 지연된 지하철은 역마다 지연 시간이 늘어나 정차 시간이 점점 길어진다. 15개 정차 역을 지나면 최대 7분까지 늦어진다. 그 여파는 뒤따라오는 15개 지하철에까지 영향을 미친다. 도미노 현상처럼 말이다.

승객들로 인산인해를 이루는 정차 구간에서는 혼잡한 지하철을 빨리 보내고 다음 차량을 이용하면 승객은 지하철 한 대당 운행 간격 시간인 2분만 늦을 뿐이다. 하지만 무리하게 지하철에 올라탄 승객은 숨도 쉬기 어려운 콩나물시루 안에서 연신 고통스러워하다 직장과 학교에 무려 7분이나 늦게 도착하게 된다.

알고 보니 빨리 타려는 것이 결코 빨리 가는 길이 아니었다. 바빠서 시간을 절약하려고 빨리 먹으려다 오히려 체해 시간과 약값만 더 낭비한 꼴이다. 그리고 보면 옛적 어른들의 말씀에 틀린 게 하나도 없다.

"欲速不達(욕속부달)"

　'일을 서두르면 도리어 이루지 못하는 법, 급할수록 돌아가라'는 지혜가 듬뿍 담긴 말이다. 무엇이든 서두르다 보면 일을 그르치는 경우가 많이 생긴다. 빨리 처리하는 것보다는 가급적 에너지 소비를 줄이며 창의적으로 생각하고 혁신적으로 마무리 짓는 게 훨씬 더 중요하다.

　붐비는 출퇴근길, 당신부터 먼저 다음 번 열차를 이용해보지 않겠는가? 이제 진실을 알았으니 머리와 마음의 여유를 되찾길 권한다.

Think
Critically

1
이상하다거나 모순이라 생각되는 순간
새로운 창조가 시작된다.

2
급할수록 생각이
우회하는 여유를 만끽하라.

농업의
미래상

06

주목하라.
맨 위 사진에 볼링공 하나가 보인다.
가운데에는 거봉처럼 보이는 것이 있고,
맨 아래에는 먹음직스러운 멜론이 놓여 있다.

이 사진들의 비밀은
과연 무엇일까?

엄청난 가격의
진실

!

한국이 진정한 농업 강국이 되고자 한다면 '농부(farmer)'라는 용어 대신
'기업가(entrepreneur)'라는 용어를 사용하세요.
한스 하인스브룩 주한 네덜란드 대사

한 통에 800만 원으로 판매되는 수박! 그 비밀은?

앞 쪽 맨 위 사진에서 까만 것은 볼링공이 아니다. 세계를 깜짝 놀라게
한 8kg짜리 초대형 수박 '덴스케(Densuke)'다. 지난 2007년 무려 65만 엔
(약 800만 원)이란 가격으로 낙찰된 바 있다. 낙찰자는 도쿄의 백화점 이
세탄(伊勢丹)이었다.

검은색 외형과 달리 당도가 엄청나게 높아(11도 이상) 맛이 일품이라

고 한다. 상상을 초월하는 가격 때문에 한 입 베어 물기가 덜컥 겁이 날 것 같다.

덴스케 수박 바로 아래 사진을 보라. 어떤 과일일까? 그렇다, 포도다. 그럼 한 번 맞춰보라. 이 포도 가격은 얼마일까? 최고가는 2016년 7월 가나자와 시장 경매에서 무려 110만 엔(약 130만 원)에 낙찰되는 기염을 토했다. 한 박스가 아닌 한 송이 가격이다.

'루비 로만(Ruby Roman)'이라 불리는 이 포도는 일본 이시가와(石川)현의 농업종합센터가 11년이란 긴 세월의 노력 끝에 개발한 품종이다. 2008년 8월 이시가와 현 경매에 처음 등장했다.

크기 역시 일반 포도와 사뭇 다르다. 거봉보다 무려 두 배나 크다. 포장 시 사과처럼 개별 포장이 이뤄지기도 한다. 출시 당시 루비 로만의 크기 때문에 많은 사람이 놀라움을 금치 못했다고 한다.

마지막으로 더 놀라운 것이 기다리고 있다.

가장 마지막 사진 속의 멜론을 보라. 이 멜론 한 통 가격이 1,000만 원이라면 믿겠는가? 과연 그런 비싼 멜론이 실제 있기는 한 걸까? 만약 있다고 한다면 그걸 사 먹는 사람은 있을까?

이 세 질문에 대한 대답은 모두 예스(yes)다.

홋카이도(北海道) 유바리(夕張)시에서 생산되는 '유바리 멜론(夕張メロン)'이 그 주인공이다.

생산된 멜론의 품질은 먼저 수(秀), 우(優), 양(良)으로 선별된다. 그중 '특수(特秀)'로 분류되는 것이 있는데, 이것은 멜론 가운데 베스트 오브 베스트다. 그러다 보니 가격이 상상을 초월한다.

특수 멜론은 지난 2007년 첫 경매에서 두 통(한 박스)에 200만 엔, 2008년에는 250만 엔에 낙찰되었다. 2017년 5월 경매 최고가격은 150만 엔이었다. 소형차 한 대 가격과 맞먹는 멜론을 보고 있으면 '허걱' 소리가 절로 나온다.

유바리시 농협의 엄격한 검사를 통과한 멜론만이 '유바리 멜론'이라는 브랜드를 달고 시장에 나갈 수 있다. 그런 지자체의 노력이 유바리 멜론이란 브랜드를 부각시키는 데 크게 일조했다.

그렇다면 어떤 사람들이 이 멜론을 구매할까? 제시한 품목(수박, 포도, 멜론) 모두 구매자가 직접 먹기 위해 구입하기보다는 선물로 구입하는 경우가 대부분이라고 한다.

Change one's mind!
농업은 차세대 유망 산업

●일전 일본 이와테(岩手) 현청 소재지 모리오카(盛岡)의 중앙도매시장에서 열린 사과 첫 경매에서 10㎏짜리 '특선상자(28개)'가 무려 130만 엔(약 1,300만 원)에 낙찰됐다. '에사시 사과(江刺りんご)'라는 브랜드로 알려진 이 사과는 일본에서도 특상품 사과로 유명하다. 이 사과는 봉지를 씌우지 않고 직접 햇볕에 노출시켜 재배하는데 밤낮의 일교차가 커서 단맛이 풍부하다고 한다. 사과 당도는 보통 13도 정도인데, '에사시 사과' 특선품은 당도가 15도 이상이라고 한다.

풍차의 나라로 알려진 네덜란드는 농지 면적(185만㏊)이 우리나라(168만㏊)와 비슷하지만 일조량이 부족하고 농업 인구는 7분의 1 정도다. 그래도 2015년 857억 달러의 농식품을 수출했고 279억 달러의 흑자를 창출했다. 반면 한국은 2015년 61억 달러의 농축산물을 수출하고 301억 달러를 수입해 무역적자가 240억 달러에 달했다. 낙농 위주에서 화훼, 양돈 등으로 농장 규모를 확대했으며 교육 인프라를 구축해 기술 및 자본 집약적 농업을 육성한 것이 네덜란드 농업을 변화시킨 원천이다.

農者天下之大本
농자천하지대본

　이는 '농업은 천하의 사람들이 살아가는 큰 근본'이라는 말이다. 이런 진부한 이념 아래 우리 농업은 자생력을 잃고 갈수록 피폐화되고 있다. 농업 경쟁력이 추락한 것은 수출 제일주의로 성장해온 제조업과는 달리 쌀 증산에만 집중한 정책 탓도 크다. 그 정책마저 현장과 괴리된 탁상행정 덕분에 농심(農心)은 힘들어하고 있다.

　특히 경제적 셈법보다는 정치적 셈법을 우선시해온 천수답식 소득 보전 방식의 정책은 폐기되어야 한다. 이기심과 기회주의자만 양산할 뿐이다.

"농업은 나노 공학, 우주 산업처럼 미래를 여는 열쇠"라고 한 프랑스 전 대통령 니콜라 사르코지의 말을 빌리지 않더라도 농업은 4차 산업혁명 시대의 가장 유망한 산업 가운데 하나다.

우리 농업이 차세대 유망 산업으로 거듭날 수 있도록 정책 전환과 창의 적 경영이 시급하다. 발상을 과감히 바꾸면, 농업도 얼마든지 우리 경제 의 새로운 성장 동력이 될 수 있다. 농업도 돈을 벌고 수출도 할 수 있다는 발상 전환이 필요하다.

Think
Critically

1
농업을 살리려면 정치적 셈법에 앞서
경제적 셈법을 우선시해야 한다.

2
발상을 뒤집는 순간
새로운 세상과 돈이 보인다.

Coffee
Break

기발한
대화의 늪에 빠져보라!

소설가 이외수의 《글쓰기의 공중부양》이란 책에 소개된 유쾌한 내용 하나를 소개할까 한다. '속성
에 근거한 대화'로 이름 붙인 것이다. '설탕과 소금의 대화: 비아냥거리기'를 읽어보길 바란다.

소금이 설탕에게.

바다도 모르는 놈.

애들 이빨이나 썩게 만드는 놈.

비만과 당뇨의 앞잡이.

설탕이 소금에게.

우쒸, 너 개미 모아본 적 있어?

설탕이 내뱉은 촌철살인의 한마디에 소금은 계속해서 반격할 의지를
상실해 입을 꾹 다물지 않았을까 싶다. 이것은 이외수가 문학 연수생들의
역할극을 통해 얻어낸 것이라고 한다. 그래선지 더욱 참신하다는 생각이
든다.

속성에 근거한 대화를 필자도 도전해보았다. 우리 일상에서 가장 빈번
히 음용하는 음료수에 주목했다. 그 주인공은 커피와 녹차다. '커피와 녹

차의 대화: 비아냥거리기'라고 이름 붙여보았다.

커피가 녹차에게.
네가 담배 맛을 알아?
야, 너 설탕이랑 친구할 수 있어?
촌스럽게 녹차가 뭐냐. 내 이름은 잉글리쉬야.

녹차가 커피에게.
착한 소비, 공정 무역은 언제쯤 할래?
과소비의 원흉, 한 잔이 한 끼 점심값이더냐.
너, 솔직히 너무 태웠다.

평소 자신의 몸 색깔을 고상하다고만 여겨왔던 커피는 "너무 태웠다"
는 녹차의 촌철살인 독설에 큰 상처를 입고, 그 충격으로 며칠간 몸져눕
는다. 이런 형태의 대화는 어떤 사물의 특성을 디테일하게 살피고 꿰어야
만들 수 있어 괜찮은 두뇌 훈련법이다.
당신도 주변 사물들의 '속성에 근거한 대화'를 주제로 가족이나 옆 사
람과 생각을 나눠보라. 상대를 단숨에 제압할 수 있는 기막힌 한마디라면
더욱 통쾌하리라.
잊지 말라. 머리는 쓰면 쓸수록 좋아진다.

아이는
우리의 미래다

07

© Kim Kwang Hee

'아이나' 산부인과!

아이를 낳아야 한다.
가급적이면 많이.
아이는 우리의 미래이자 희망이다.

시장이
뒤집어지고 있다

!

육체의 병이나 종양 등을 제거하기에 힘쓰기보다는
마음속의 나쁜 생각을 물리치도록 힘쓰세요.
고대 그리스의 철학자 에픽테토스(Epictetus)

기저귀는 유아용 시장이 클까, 성인용 시장이 클까?

일반 상식 수준에서 세 가지만 질문한다. 답변 역시 상식 수준에서 하
면 된다.

· 기저귀는 유아용 시장이 클까? 성인용 시장이 클까?
· 안경은 45세 미만의 시장이 클까? 45세 이상의 시장이 클까?

· 해외여행을 떠나는 주요 연령층은 40세 미만일까? 40세 이상일까?

단언하건대 당신이 평소 시장 변화에 민감한 편이 아니라면, 아마 이런 답을 했을 것이다.

"기저귀는 유아가 사용하는 것이니 유아용 시장이 더 클 것이고, 안경은 눈이 나쁜 중고령 이용자도 많겠지만, 독서(학습)와 디자인을 중요시하는 젊은 층이 더 많이 사용할 것이다. 또 나이가 들면 시간이야 많겠지만 건강상의 제약으로 오히려 젊은 층이 해외여행을 더 많이 떠날 것이다."

일본 위생용품 최대 업체인 유니참(Unicharm)의 성인용 기저귀 매출에 이변이 일었다. 지난 2010년엔 육아용 1,530억 엔, 성인용 1,440억 엔이었던 기저귀 시장이 2012년엔 육아용 1,390억 엔, 성인용 1,590억 엔을 기록했다. 사상 처음으로 성인용이 육아용 기저귀를 역전했다. 이는 노인들이 기저귀 착용을 꺼리지 않게 된 이유도 있지만, 근본적으로는 노인인구가 급속히 증가했기 때문이다.

총무성에 따르면 2017년 9월 기준 일본 인구는 1억 2,671만 명이고, 그 중 65세 이상 고령 인구는 3,514만 명이었다. 그 결과 일본 노인 숫자는 호주 인구(2,323만 명)를 1,000만 명 이상 훌쩍 뛰어넘어 캐나다 전체 인구(3,660만 명)와 맞먹는 수치다. 지난 1985년엔 일본인 10명 중 1명이, 2005년엔 5명 중 1명이 노인이었으나 이젠 4명 중 1명이 노인이다. 오는 2025년엔 이 비율이 3명 중 1명이 된다.

성인용 기저귀의 특징은 사용하는 사람의 상태에 따라 다양한 모델이 존재한다. 직접 화장실을 사용할 사람을 위해 속옷 감각으로 착용할 수 있는 팬티 형태의 종이 기저귀나 가벼운 요실금을 막는 소변 흡수 패드 등이 그것이다. 게다가 얇게 만들어 겉보기에 착용 여부를 분간할 수 없도록 만든 제품도 많다.

주요 고객층은 '수치심이 많은 노인'이라고 한다. 그 이유는 무엇일까? 일본엔 '실금(失禁)' 증세가 있어도 누가 알아챌까 봐 기저귀를 차지 못하는 노인이 많다고 한다. 본인 의사와 관계없이 소변이 나와 속옷을 적시는 증상을 요실금이라고 한다. 우리나라 여성의 약 40%가 요실금을 경험하고 있다고 한다.

비단 기저귀만이 아니다. 일본 최대의 안경 회사인 '미키(三城) HD'는 2009년 4~8월 매출액 170억 엔 가운데 49%를 돋보기 판매로 벌어들였다. 안경업계 전체에서 45세 이상이 구입하는 안경은 이미 2007년부터 45세 미만을 역전했다.

나아가 해외여행객 비율도 2008년에 40대 이상 고객이 54.5%를 차지했다. 지난 10년 동안 9%나 늘었다. 4,160억 엔 시장 규모인 스포츠 클럽도 50대 이상 고객이 절반을 넘어섰다.

이는 모두 일본 시장의 이야기다. 그러나 이미 우리나라도 현실화되고 있다.

Man-made disaster

집단 자살 사회 대한민국?

●"지구상에서 사라질 첫 번째 국가는?"

영국 옥스퍼드대 데이비드 콜먼 인구연구센터 소장은 '코리아 신드롬'이라는 말로 한국이 "저출산 고령화로 지구촌에서 사라지는 첫 번째 국가가 될 것"이라고 경고했다. 300년 뒤인 2305년의 한국 인구는 겨우 500명밖에 남지 않는다는 것이 인구 변화 시뮬레이션의 결과였다.

한반도가 세계의 화약고라며 '북핵'을 우려하지만 "한국의 최대 적은 북핵이 아니라 인구"라는 미국 〈뉴욕타임스〉의 지적은 거의 진실에 가깝다. 우리나라의 합계출산율은 2002년 1.17명을 기록한 이래 미미한 등락을 보이다 2017년 1.05명이다. 특히 젊은 인구가 가장 많이 산다는 서울시의 합계출산율은 0.8명대다. 2006년부터 범국가 차원의 저출산 대책에 따라 무려 120조 원이 넘는 예산을 투입했음에도 요지부동이다. 노골적인 출산 스트라이크이자 대재앙이다. 출산율 저하는 우리 성장 기반의 붕괴와 미래 경쟁력 저하를 의미한다.

오죽했으면 IMF의 크리스틴 라가르드 총재가 한국의 결혼 회피 및 저출산 현실을 꼬집어 '집단 자살(collective suicide) 사회'라는 극한 표현까지 했겠는가!

출산율 저하는 직접적으로 유아 및 어린이 놀이시설(테마파크), 출산 및 육아 관련 용품점, 관련 케어 시설 및 교육기관(제과, 산부인과, 소아과, 산후조리원, 유치원, 대학, 학원, 학습지), 부동산 등에 영향을 미치고 있다. 한 예로 많은 '소아과'가 '소아청소년과'로 개칭했고 영어 학원들은 '영어 유치원'이라는 이름으로 간판을 다시 내걸었다.

뭔가 잘못 돼도 한참 잘못 돼가고 있다. 비(非)전문가인 필자의 견지에서도 그렇다. 이에 출산율 제고를 위한 짧은 소견이다. 일단 산전 및 산후 제 비용은 모두 국가에서 담당한다. 그리고 첫째 아이가 태어나면 50만 원, 둘째에겐 그 열 배인 500만 원, 셋째에겐 또 그 열 배인 5,000만 원을 출산 장려금(일시불)으로 지불한다. 여기에 고등학교 졸업 시까지 양육 보조금으로 매달 둘째 아이에겐 20만 원, 셋째에겐 둘째의 다섯 배인 100만 원, 넷째부터는 10만 원을 지원한다. 덧붙여 다자녀 가구에 대한 세금 혜택, 무상 병원(건강검진) 및 교육, 양육 시설의 대폭적 확충이 뒷받침돼야 한다.

이처럼 각종 비용(돈) 지원에 초점을 둔 건 경제적 이유가 저출산의 가장 큰 원인이라 판단돼서다. 만만치 않은 양육비와 사교육비 등으로 아이를 둘 이상 키우기는 현실적으로 버겁다. 또 결혼과 출산을 포기하거나 연기한 청년들에게 각종 출산 혜택이나 보육 시설 등을 개선하더라도 관심도는 낮을 수밖에 없다. 이들이 체감할 수 있는 촘촘한 정책 개발이 필요하다.

관련 예산은 국가와 지자체 그리고 기업들이 부담하도록 한다. 국가와 지자체 외에 기업이 일정 금액을 부담해야 하는 이유는 장기적인 출산율 저하는 업종을 불문하고 그 영향력에서 자유로울 수 없기 때문이다.

　이런 제안의 배경엔 한 부부가 적어도 두세 명은 낳아야 한다는 단순한 취지다. 출산 장려금이 열 배씩 커지는 것도, 양육보조금을 셋째가 가장 많이 받는 것도 같은 논리다. 이 제안을 실천에 옮기려면 만만치 않은 예산이 소요될 것이다. 하지만 출산율 제고를 위한 부담은 국가의 존속 문제로 접근하고 투자해야 한다. 이를 통해 아이를 낳는 것이 현명하고 합리적인 선택이라는 것을 가임 부부들에게 반드시 인식시켜 주어야 한다.

　"한국은 눈앞에 닥친 위기는 잘 극복하지만 서서히 다가오는 위기에 약하다"라는 전 맥킨지 글로벌연구소장 리처드 돕스의 지적은 우리의 저출산 문제에 딱 어울리는 경종이다. 출산 문제는 전쟁 치르듯 국가와 국민 모두가 달려들어야 한다. 나라가 죽어가고 있다.

Think
Critically

1

저출산은 **다양성**을 억압해 **창의력 감퇴**로 이어진다.

2

저출산은 국가 성장 기반의 붕괴는 물론 미래 경쟁력 저하라는 **대재앙**을 부를 수 있다.

미(美)란
껍데기?

08

백수(白壽)를 눈앞에 둔 싱클레어(2006년 당시 96세) 할머니다.
감히 묻는다.
이 할머니의 첫인상은 어떠한가.
"쭈글쭈글 주름투성이인가? 아님 멋지게 느껴지는가?"

인생의 긴 여운이 얼굴에
고스란히 담겨 있다.
그래서 더욱 감동적이고 아름답다.

□ wrinkled?
□ wonderful?

Will society ever accept 'old' can be beautiful? Join the beauty debate.

campaignforrealbeauty.co.uk ☞ | *Dove*

뒤집어보는
아름다움의 잣대

미래는 자신의 꿈의 아름다움을 믿는 사람들의 것입니다.
The future belongs to those who believe in the beauty of their dreams.
미국의 제32대 대통령 프랭클린 루스벨트(Franklin Delano Roosevelt)

꽃도 부끄러워하고, 달도 숨을 만큼의 미인은?

많은 사람이 삼백(三白)과 삼홍(三紅)을 갖춘 양귀비와 클레오파트라를 떠올리지 않을까? (참고로 삼백이란 하얀 피부와 치아 그리고 손을, 삼홍은 붉은 입술과 뺨, 손톱을 뜻한다.)

그렇다면 당신이 떠올리는 절대미의 기준은 무엇인가?

잡티 없는 새하얀 얼굴, 오뚝한 코와 살짝 튀어나온 이마, 두 볼에 파인

보조개, 하얗고 가지런한 치아, 두툼한 입술의 소유자? 아니면 완벽한 입체감이 느껴지는 조각 같은 얼굴?

아름다움이란 자신의 전체적인 얼굴과 자연스럽게 어울리는 눈과 코, 입의 크기나 모양이라고 말하는 사람도 있을 것이다. 동서고금에 걸쳐 미인의 기준은 시대나 상황 그리고 지역에 따라 다양하게 판단된다. 게다가 사람마다 가치관이 달라 명확한 기준을 제시하기 어려울 수도 있다.

절대미란 결국 상대미(相對美)를 의미한다. '제 눈에 안경'이라는 말이 적절할 듯하다.

Don't be
잘 빠지면 용서된다?
discouraged!

●'도브(Dove)'라는 이름을 들어봤는가?

샴푸와 비누 등의 용품을 떠올렸다면 당신은 제대로 알고 있는 것이다. 그런 도브 생활용품을 판매하는 다국적기업 유니레버(Unilever)는 지난 2004년에 10개의 나라를 대상으로 '진정한 아름다움'에 대한 설문 조사를 진행했다.

결과는 정말 충격적이었다. 조사 대상 중 여성의 2%만이 "나는 아름답다"라고 답했다. 예상하지 못한 결과였다. 한편으로 많은 여성이 표면적인 아름다움과는 다른 미인의 기준을 떠올리고 있었다. 이를테면 다음과 같은 것들이다.

· 아름다움은 태도와 마음가짐을 통해 달성된다. (77%)
· 여성은 나이와 관계없이 아름다워질 수 있다. (89%)
· 모든 여성은 아름다운 무언가를 가지고 있다. (85%)

유니레버는 이런 결과를 바탕으로 여성의 아름다움을 새롭게 정의하고자 대담한 캠페인(campaign for real beauty)에 돌입했다. 지금껏 너무나 당연시해온 고정관념에 대한 도전장이었다. 캠페인 첫머리부터 다음과 같은 강렬한 메시지를 던졌다.

"아름다움의 정의는 오랜 기간 누군가에 의해 편협하게 규정되어왔다. 진정한 아름다움은 한 사람 한 사람에게 내재되어 있다. 아름다움은 모든 연령(ages)과 모든 크기(sizes), 모든 모습(shapes) 속에 존재한다고 확신한다."

지금의 상식으로는 광고 모델이라면 우선 젊고 예뻐야 한다. 당신 역시 큰 눈과 도톰한 입술, 풍만한 가슴과 엉덩이를 가진 금발 모델을 연상하고 있진 않은가.

하지만 이 캠페인에서는 도브의 실제 소비자면서 지극히 평범한 사람들이 등장한다. 이들을 통해 회사 상품을 알리려 한 것이다.

이를테면, 한눈에 봐도 뚱뚱한 34살 아기 엄마 '타바사'를 등장시키며 상식 밖의 물음을 던진다.

"그녀는 뚱뚱한가(oversized)? 아니면 탁월한가(outstanding)?"

그 외의 모델도 몸매가 좋거나 매혹의 금발 미인과는 상당히 거리가 있는 평범한 여성들뿐이었다.

아름다움의 정의는
오랜 기간 동안
누군가에 의해
편협하게 규정되어 왔다.

완벽한 회색 머리의 멀린, 백수를 눈앞에 둔 쭈글쭈글 주름의 할머니 싱클레어, 얼굴과 온몸이 주근깨투성이인 레아, 빈약한 가슴의 주인공 에스더 등. 그러면서 유니레버는 소비자들에게 둘 가운데 하나를 선택하라고 한다.

· 백발인가? 우아한가? (Gray? Gorgeous?)
· 흠이 있는가? 없는가? (Flawed? Flawless?)
· 반밖에 없는가? 반이나 있는가? (Half empty? Half full?)

한마디로 '예쁘고 잘 빠지면 모든 게 용서된다'는 현재의 세태를 정면에서부터 치고 나온 캠페인이다. 외모지상주의에 빠진 사람들에게는 사뭇 충격적일 수 있다.

유니레버의 주장처럼 오랜 기간에 획일적이고 맹목적으로 받아들여온 아름다움의 기준이 바뀌어야 하듯 이제는 기존의 편협하고 단정적인 행동이나 생각들도 바뀌어야 한다.

남들과 달라 보인다고 절대 기죽어서는 안 된다. 당신이 가진 독특함이야말로 차별 요인, 나아가 경쟁력으로까지 평가될 수 있기 때문이다.

다음 사진을 보라. 두 여자아이가 있다. 배경은 동남아시아 어느 지역의 하얀 모래사장이다. 둘에게 이곳은 익숙한 동네 놀이터다.

사진 왼쪽에 있는 아이는 카메라 촬영이 수줍어서 몸을 감싸고 있다. 반면에 오른쪽 아이는 비교적 담담하게 렌즈를 쳐다본다.

동남아시아의 평범한 아이들 사진이다. 그 이상의 해석은 불가능해 보인다. 서로 친구인 듯 보이는 이 둘은 실제로도 다정하고 즐거워 보였다.

그런데도 이 사진을 찍은 필자에겐 또 다른 느낌으로 각인되어 있다. 그것은 바로 '가난'이다.

오른쪽 아이의 반바지를 유심히 보라. 속옷이 드러날 만큼 큼직한 구멍이 나 있다. 또 목에 걸린 물안경은 알이 빠진 채 끈과 테두리만 달랑 남아 있다. 궁핍함이 오래전부터 체화된 탓일까! 아이들의 모습은 그저 밝기만 하다.

이 사진처럼 우리는 똑같은 현실에서 전혀 별개의 세상을 접할 수 있다. 당신의 생각과 관점을 바꾸면 또 다른 세상이 펼쳐진다. 현실이 기쁨이든 슬픔이든, 긍정이든 부정이든, 아름다움이든 추함이든 모든 감정은 본인 몫이다.

Think
Critically

1
사물에 대한 관점은 **가치관**에 따라
얼마든 그 기준이 달라질 수 있다.

2
독특함이야말로 탁월함과 차별 요인 나아가
경쟁력으로까지 평가받을 수 있다.

장난?
위대한 작품?

09

© 이브 클랭, 〈인터내셔널 클랭 블루(International Klein Blue)〉

앞의 작품을 보라.
"작품이 어디 있는 거야!"
"푸른색 물감으로 애들이 장난친 것 같은데….'

하지만 이것은
푸른색에 인생을 전부 건
한 예술가의 위대한(?) 작품이다.

푸른색에
미친 사나이

!

우리 체중의 2%밖에 차지하지 않는 뇌가
총 에너지의 20%를 소비합니다.
더 무서운 것은 인간의 행동과 창의력, 상상력까지
뇌가 컨트롤한다는 사실입니다.

당신은 초(超) 울트라 무기를 소유하고 있다!

초 울트라 무기? 그것은 바로 상상력이다. 혹시 당신은 주변 사람들에게 독특하고 기발하다는 소리를 종종 듣지 않는가. 그럼에도 비현실적이라는 제약에 가로막혀 그냥 게으른 천재로 남으려 하고 있지는 않은가. 유감스럽지만 그런 천재의 숫자만큼 우리 사회는 활력을 잃어 퇴보할 수 있다.

상상력이 우리 인간에게 얼마나 큰 영향을 끼칠까? 평소 무심코 내뱉는 말(언어)과 함께 상상력은 우리들의 잠재의식에 지대한 영향을 준다. 특히 상상력은 우리를 미지의 세계로 곧잘 안내한다. 상상력이 없는 세상을 떠올려보라. 생각만 해도 끔찍하지 않은가!

"상상력은 지식보다 중요하다." (아인슈타인)

"사람의 인생은 그 사람의 상상력에 의해 결정된다." (마르쿠스 아우렐리우스)

"상상력이 세계를 지배한다." (나폴레옹)

"너의 시간에는 한계가 있을지언정 상상력에 한계란 없다." (아논)

"상상력은 가끔 우리를 엉뚱한 곳으로 데려가지만, 그것 없이 우리는 아무 곳도 갈 수 없다." (칼 세이건)

이들 말에 전적으로 동감한다. 실제 인류가 자동차와 비행기, 우주선, 로봇, 인터넷, 고층 구조물 등과 같은 문명을 탄생시킬 수 있었던 건 모두 상상력 덕분이었다. SF 영화나 소설 속에서 튀어나와 현실화된 기술도 상상이 점차 신념화된 산물이다. 이처럼 상상력은 모든 계획의 출발점이다. 잊지 마라, 당신이 상상하면 곧 현실이 될 수 있다.

길을 가다가 돌이 나타나면, 어떤 이는 그것을 걸림돌이라 말하고, 어떤 이는 그것을 디딤돌이라고 말한다.

걸림돌이라 표현한 이는 분명 상상력이 결핍된 사람일 수 있다. 반면 디딤돌이라 한 이는 대단한 상상력의 소유자임이 틀림없다. 그런 상상력은 늘 긍정적인 생각 속에서 자라고 꽃을 피운다.

남보다 기발하고, 남보다 빠르며, 남보다 재미있는 상상을 하려 힘써라. 어떤 분야든 예술적 경지에 오르기 위한 첫 관문은 바로 창의적 상상력이다.

International
색깔을 특허로 출원했다고?
Klein Blue

●청바지, 청사진, 청출어람, 블루오션, 블루칩, 아바타, 블루베리, 아주리 군단의 공통점은?

글자 그대로 모두 푸른색과 관련이 있다. 푸른색은 젊음과 실용, 희망, 밝은 미래, 신비로움, 이상향 등을 상징한다. 여자 피겨의 경우 '푸른색 의상'이 프리스케이팅의 우승을 담보한다는 속설이 있다. 현역 시절 김연아 선수도 푸른색 의상을 입고 금메달을 목에 걸었다.

일찍부터 푸른색을 독특한 감정으로 바라본 사람이 의외로 많았다.

러시아의 화가 바실리 칸딘스키는 이렇게 말했다.

"푸른색은 깊어질수록 우리를 무한한 것으로 이끌며, 순수 그리고 궁극적으로 초감각적인 것에 대한 그리움을 일깨운다."

그는 푸른색을 억눌린 인간의 감정을 자유롭게 하고 진실한 감정을 투사하는 매개체로 바라보았던 것이다.

그런 푸른색에 얽혀 극적 삶을 살다간 사람도 있다.

그 주인공은 바로 '이브 클랭(Yves Klein)'이다. 그는 34세의 나이에 심장마비로 요절한 프랑스의 대표적 예술가다.

그의 명성이 더욱 높아지게 된 계기는 '푸른색에 미친 작가'라는 수식어 때문이다. 그는 푸른색을 우주의 신비적인 에너지를 받은 가장 비물질적이며 추상적인 색이라 여기고, 이상적인 염료를 개발했다.

1957년에는 '인터내셔널 클랭 블루(International Klein Blue, IBK)'라 불리는 짙은 푸른색으로 특허까지 취득했다. 통상적으로 사람들은 색을 특허로 등록하겠다는 생각을 하지 않는다. 그만큼 이브 클랭은 창의적 상상력이 풍부한 사람이었다.

그는 밀라노에서 '이브 클랭 모노크롬의 제안, 블루의 시대'라는 타이틀로 이루어진 개인전에서 이 염료를 캔버스 일면에 칠한 푸른색 그림을 발표하면서 큰 반향을 불러일으켰다.

이브 클랭은 푸른색에 몰입하는 정도가 거의 광신(狂信)적이었다. 일반 사람들과는 다르게 그의 눈에 비친 푸른색은 신비로운 것이었고 종류도 수백 아니, 수천 가지였다.

"Alice blue, Azure Blue, Cerulean blue, Cobalt blue, Cornflower blue, Dark blue, Denim Dodger blue, Indigo International Klein Blue, Lavender Midnight Blue, Navy blue, Periwinkle Persian blue, Powder blue, Prussian blue, Royal blue, Sapphire Steel blue, Ultramarine Light blue, etc."

푸른색에 해당하는 영단어들을 나열한 것이다. 생각 이상으로 무척 다양하다. 이는 적어도 색감에 관해서만큼은 서구인들이 우리보다 훨씬 더 다양한 관점에서 그 차이를 파악하고 있다는 증거다. 이런 결과가 창의력과 상상력의 차이로 이어지는 일만큼은 절대 없어야 한다. 기우(杞憂)이길 빈다.

Think Critically

1
상상력은 머릿속에서
황금을 캐는 작업이다.

2
예술적 경지에 오르기 위한 첫 관문은
바로 **창의적 상상력**이다.

세상의
큰 원칙 하나

<u>**10**</u>

FREEDOM IS
NOT FREE

워싱턴 한국전 기념공원에 새겨진 문구다.
이건 변치 않는 '세상의 룰'이다.
마찬가지로 위대한 아이디어의 이면에는
피와 땀과 시간의 흔적이 짙게 배어 있다.

FREEDOM IS NOT FREE

© Kim Kwang Hee

기막힌
고객 유치 전략

!

서로 전혀 다른 것처럼 보이는 것들을 하나로 조합했을 때
비로소 최고의 조화가 태어납니다.
A wonderful harmony is created when we join together the seemingly unconnected.
고대 그리스 철학자 헤라클레이토스(Heraclitus)

관공서가 밀집된 거리의 특징은?

낮 시간대에는 관공서 직원들이 밀물처럼 몰려들지만, 밤이 되면 언제
그랬냐는 듯 쓸쓸하다 못해 적막강산이 따로 없다. 저녁이 되어 관공서
직원과 관련자들이 모두 퇴근하고 나면 좀처럼 통행인을 찾을 수 없다.

따라서 그곳을 근거로 생계를 잇는 사람들은 걱정이 이만저만이 아니
다. 그들은 매일 천국과 지옥을 바쁘게 오간다.

도쿄의 전형적인 관공서 거리에 위치한 찻집 '다원(茶園)'. 개점 당시 그곳은 점심시간을 포함하여 객석 회전율이 고작 1.7회에 지나지 않았다. 극심한 매출 부진으로 심하게 마음고생을 하던 주인은 문을 닫을까 고민하기도 했다. 하지만 주인은 마음을 다잡았다. 어떻게 해서든 찻집 경영을 정상 궤도에 올려놓고 싶었다. 경제적 손실이 컸지만 그의 자존심이 경영 실패를 용인하지 않았다.

그로부터 1년 뒤, 다원의 모습은 180도 달라져 있었다. 하루 종일 활기가 넘쳐났다. 특히 저녁 시간대에는 빈자리를 찾을 수 없을 정도다. 대체 그동안 다원에 무슨 일이 있었던 것일까?

해답은 주인의 유연한 발상 전환에 있었다. 텅텅 비는 저녁 시간대에 다원은 취미 활동에 필요한 사무국 기능과 회원들의 모임 장소로 활용되었다. 이는 찻집이 관공서에 근무하는 사람들의 취미나 동아리 활동 등의 거점으로 이용된다는 점에서 착안한 아이디어였다.

그 결과 '책을 출판하는 모임'에서부터 '모던 재즈를 듣는 모임', '환상적인 사케를 마시는 모임' 등 24가지 모임이 다원에 등록되었다.

다원은 24가지 모임의 사무국 기능을 대행해 월간 스케줄, 토론 내용, 초대 손님 강의 등을 월간 회보에 정리한 뒤 모든 회원에게 송부하기도 했다. 여기에 필요한 비용은 연간 회비 1만 엔으로 충당하고 있었다.

더 놀라운 사실은 24개 동아리가 자연스럽게 결성된 것이 아니라는 점이었다. 24라는 숫자는 당초부터 이 찻집 주인이 목표로 내세운 숫자였다. 그 목표를 달성하기 위해 주인 스스로 동아리를 만들고 적극적인 활동을 펼쳤다.

그는 먼저 한 동아리를 만든 다음 스스로 대표(또는 총무)가 되었다. 얼마 후 그 동아리가 제대로 모양새를 갖추면 대표 자리를 다른 회원에게 넘겼다. 그러고는 또 다른 동아리를 만들어 이전과 같은 노력을 거듭했다. 무려 24번에 걸쳐서 말이다. 정말 놀라운 발상과 노력의 결과가 아닌가!

24개 동아리의 비밀!

"이곳엔 관공서가 밀집돼 있어 밤 시간대는 어차피 헛장사야!"

만약 주인이 이러한 발상을 했다면 다윈의 운명은 어떻게 되었을까?

어떻게 해서든 낮 시간대에 타깃을 맞춘 경영 방식을 고집했을 것이다. 만약 그런 방식이 성공을 거두었다고 해도 밤 시간대의 이익을 메워줄 만큼은 아니었을 것이다. 결과적으로 지금과 같은 객석 회전율과 매출은 기대하기 어려웠다.

그러나 주인은 역발상을 했다. 관공서가 밀접된 거리를 낮 시간대만 붐비는 공간으로 본 것이 아니었다. 밤 시간대에도 손님들을 잡아둘 수 있다면 가능성이 훨씬 높아질 수 있다고 생각한 것이다. 결국 이런 유연한 발상은 찻집 경영을 성공으로 이끄는 자양분이 되었다.

발명왕 에디슨을 모르는 사람은 없을 것이다. 그는 발명뿐만 아니라 인재 채용에서도 남다른 방식을 고집했다. 응시자가 가진 사고의 유연성을 가장 먼저 보고자 했다.

한 예로 자신의 연구 조수를 채용하면서 '의외성 지수'를 평가하기 위해 간략한 테스트를 실시했다. 에디슨은 채용 후보로 선정된 이들을 한 명씩 식사 자리에 초대해 수프를 대접했다. 이때 후보가 수프를 맛보기 전에 먼저 소금을 넣는지 유심히 관찰했다. 소금을 넣었던 후보는 다음 날 예외 없이 불합격 통지를 받았다고 한다. 수프가 짠지 싱거운지 불확실한 상황에서 수프에 소금부터 불쑥 넣는 사람은 다양한 가능성에 대처할 사고의 유연성이 부족하다고 생각했기 때문이다.

그렇다면 당신은 어떤가. 곰탕 국물을 맛보기도 전에 굵은 소금 한 숟가락을 펄펄 끓는 탕 속에 밀어 넣지는 않는가? 당신은 절대 그런 사람이 아니었으면 좋겠다.

Think
Critically

1
전혀 다른 것을 **하나로 조합**할 때
비로소 최고의 조화가 이루어진다.

2
유연성은 불가능을 가능으로 만드는
머리 기술이다.

두 자판의
기막힌 운명

Standard Keyboard

Dvorak Keyboard

위쪽 키보드는 1874년에 개발된 쿼티 자판,
아래쪽 키보드는 1936년에 개발된 드보락 자판이다.

이 두 자판의
가장 큰 차이는
무엇일까?

창의력에
미쳐라

225

익숙함과의 결별이
두려운 까닭

?

21세기 생사의 경계는
그대의 익숙함에서 죽어가고, 생소함 속에서 살아남을지니.

키보드의 처음 여섯 개 알파벳이 'QWERTY'인 까닭?

혹시 지금 PC 앞에 있다면 키보드를 유심히 살펴보라. 자판 배열이 왜 그런 모습인지 생각해본 적 있는가?

"입력의 편의성을 고려해 인체공학적으로 설계된 첨단 과학의 산물이 아닐까?"

그렇게 생각하진 않았는가?

오히려 그 정반대라고 한다면 믿겠는가? 현재의 배열에 관해서는 몇 가지 설(說)이 존재한다.

첫째는 제품화 과정에서 마침표(.)의 위치에 있었던 'R'을 상단으로 이동시켰다는 것이다. 영업사원들이 브랜드 이름인 'TYPE WRITER'를 재빨리 두드려 제품의 프레젠테이션을 효과적으로 할 수 있도록 10개 알파벳 모두를 하나의 열에 배열시키기 위함이었다는 것이다. 실제로 자판 두 번째 열에 TYPE WRITER의 모든 알파벳이 옆으로 나열돼 있음을 확인할 수 있다. 정말 놀랍지 않은가!

두 번째 설은 타이피스트가 자주 사용하는 단어를 칠 때 글쇠가 서로 엉키거나 망가지지 않도록 하려고 자주 사용되는 글쇠를 멀리 배치함으로써 의도적으로 타자 속도가 느려지게 했다는 것이다.

세 번째 설은 글쇠의 엉킴을 방지하기 위해 그 나름대로 자주 사용되는 글자와 배열의 유형을 심사숙고한 끝에 그런 배열을 고안했다는 것이다.

이런 설들을 입증이라도 하듯 현재의 자판 배열은 그 이후 개발된 다른 방식의 자판 배열에 비해 타자 속도도 느리고 인체공학적인 편의성도 떨어진다는 지적이다. 어느 설을 믿고 지지하든 현재의 자판 배열은 편의성이나 인체공학과는 아무런 관계가 없어 보인다. 이 자판을 가리켜 우리들은 '쿼티 자판'이라 부른

다. 자판의 두 번째 열 왼쪽 처음 여섯 개의 알파벳이 'QWERTY'인 까닭이다.

쿼티 자판은 1873년 위스콘신의 한 신문 편집부 직원이자 인쇄소 사장인 크리스토퍼 래섬 숄즈(Christopher Latham Sholes)와 그의 친구 그리든(Carlos Glidden), 소울(Samuel W. Soule)이 공동으로 자동 필기도구인 라이팅 기계(writing machine)를 제작한 것에서 비롯되었다. 이게 사실상 타이프라이터의 시작이었다.

이들이 처음으로 제작해 1867년에 특허 신청을 한 타이프라이터는 단순히 ABC 순의 두 열로 배열되어 있었다. 때문에 이 타이프라이터는 그다지 실용적이지 못했다. 이후 6년 동안의 노력 끝에 현재의 쿼티 배열에 가까운 배열을 만들었다.

얼마 후 이들은 자금 부족 문제로 인해 당시 총포류와 재봉틀로 유명한 미국의 레밍턴 무기회사(Remington Arms Company)와 손을 잡고 최초의 타이프라이터를 대폭적으로 개선한 숄즈와 기든(Sholes & Glidden) 모델의 타이프라이터를 (1874년부터 1887년까지) 생산한다.

1890년대 들어 마침내 쿼티 배열이 사실상의 표준(de-facto st.)으로 확립돼 그 지위를 확립하게 된다. 이런 배경에는 타이피스트 양성 학교에서 쿼티 배열의 타이프라이터가 사용되었기 때문이다.

많은 타이피스트가 쿼티 배열을 습득해 익숙해지자 자판 배열은 쿼티로 고정되면서 다른 타이프라이터 회사도 쿼티 배열을 추종했고 자연스레 시장을 평정하게 되었다.

한편, 1936년에 워싱턴대의 오거스트 드보락(August Dvorak) 교수는 그다지 인체공학적이라 할 수 없는 쿼티 배열에 대항하여 가장 흔히 사용하는 모음 5개(a, o, e, u, i)와 자음 5개(d, h, t, n, s)의 자판을 중앙인 홈 행(home row)에 배열한 드보락 자판을 개발한다. 타이핑 속도를 대폭 끌어올린 DSK(Dvorak Simplified Keyboard)은 마침내 특허 취득까지 한다.

이런 드보락 배열은 제2차 세계대전 중 미국 해군의 연구를 통해서도 우위성이 증명되었다. 나아가 수많은 타이프 콘테스트에서 우수성이 입증돼 대부분의 콘테스트 우승자는 드보락 배열을 사용했다. 기네스북의 기록도 드보락 배열을 통해 이루어진 것이라고 한다.

나아가 타이프라이터의 제조 기술도 함께 발달해 급속도로 자판을 두드려도 기계가 망가지거나 하는 일은 사라지게 되었다. 물론 글쇠가 엉킬 위험도 전혀 없는 전자식 자판이 보급되었다.

그럼에도 불구하고 시장에는 기존의 쿼티 배열이 사실상의 표준으로 확립돼 드보락 배열을 사용하고 있는 부류는 여전히 일부 애호가나 프로 타이피스트 정도에 그치고 있다.

이처럼 드보락 배열은 쿼티 배열보다 훨씬 뛰어나다는 평가에도 불구하고 시장점유율을 무너뜨리지 못했다. 그 이유는 '잠김 효과(lock in)'와 '경로의존(path dependance)' 등 복잡계(複雜系) 경제학의 단골 메뉴로 회자되고 있다. 물리학의 '관성의 법칙(law of inertia)'이 우리 일상과 두뇌 속에도 고스란히 재현되고 있다. 참으로 안타까운 일이다.

Path dependence
잠김 효과와 경로의존

●편의성과 속도 등 인체공학적 측면에서 보
자면 불편하기 짝이 없는 쿼티 배열은 첨단 컴퓨터가 등장하면서 곧 대체
될 것으로 생각되었다. 하지만 타이피스트들이 타자기 시절에 접한 익숙
함과 그로 인한 안락함은 새로운 알파벳 배열의 정착을 가로막았다.

그 결과, 19세기의 기계식 타자기 배열이 21세기 4차 산업혁명 시대에
도 사용되고 있다. 이런 걸 보면 익숙함(안락함)이 얼마나 암적 존재인지
알 수 있다.

그렇다고 해서 앞으로도 쿼티 자판처럼 인간의 익숙함으로 인해 경로의
존이 계속되리라는 섣부른 판단은 접어라. 기술 문명은 더 이상 경로의존을
용서하지 않는다. 조만간 자판도 음성이나 기타 방식으로 대체될 것이다.

더불어 세상은 선형에서 비선형 사회로 급속히 나아가고 있다. 이제 고정
관념과 타성으로 무장된 인간의 두뇌 속만이 경로의존의 유일한 안식처다.

문득 생텍쥐베리의 《어린 왕자》가 떠오른다.

"왜 술을 마셔요?"
어린 왕자가 물었다.

"잊으려고."

술꾼이 대답했다.

"뭘 잊으려고요?"

어린 왕자는 술꾼이 불쌍해져서 다시 물었다.

"부끄러운 걸 잊으려고."

머리를 숙이며 비밀을 고백하듯 술꾼이 대답했다.

"뭐가 부끄러워요?"

술꾼을 위로해줄 생각으로 어린 왕자가 다시 물었다.

"술을 마시는 게 부끄러워!"

Think
Critically

1
기능과 디자인이 우수하다는 이유만으로
시장이 손을 들어주지는 않는다.

2
우리 사고에 **'관성의 법칙'**이 뿌리내리지 않도록 주의하라.

3
경로의존은 **고정관념**과 **타성**으로 무장된
인간의 두뇌 속만이 유일한 안식처다.

이단아의
도전

12

'건설업' 하면 떠오르는 단어는?

먼저 3D(Dangerous, Dirty, Difficult)가 생각난다.

이어 하청, 노가다, 로비, 공사비 부풀리기 등.

그런 와중에 건설업계의
이단아로 주목받는
헤이세이 건설!

헤이세이 건설 홈페이지

최고 엘리트를
'노가다'로 키우기

인생의 큰 즐거움이란 사람들이 '너는 불가능해'라는 것을 성취하는 것입니다.
The great pleasure in life is doing what people say you can't.

영국 문예 비평가 월터 배젓(Walter Bagehot)

IQ가 높은 젊은이야말로 목수가 돼라!

"목수는 엘리트다."

이 말은 세간의 주목을 끌고자 내세운 과장된 주장쯤으로 들린다. 건설 업계의 체감 경기는 여전히 꽁꽁 얼어붙은 한겨울이다. 좀처럼 풀릴 기미 가 보이지 않고 있다. 그런 가운데서도 한 회사는 얄밉게 느껴질 정도로 잘 나가고 있다.

그곳은 바로 건설업계의 이단아로 불리는 일본의 '헤이세이(平成) 건설'이다. 일본 시즈오카(靜岡)현에 소재하고 있는 이 회사는 건설 과정 중에 이루어지는 모든 공정을 외주(外注)로 하지 않고 내제화(內製化)하는 것으로 유명하다.

일본 최고의 명문 도쿄대를 비롯해 전국의 일류 대학에 다니는 많은 학생이 목수가 되겠다며 다투어 이 회사에 입사 지원서를 내고 있다.

헤이세이 건설은 단순히 일본 최고의 목수와 미장공 육성만을 주장하는 회사가 아니다. 부장은 부하 직원들의 투표로 정하고, 일개 직원이 사장의 경영 능력을 심사하는 이색적인 경영 방침을 내세우고 있다.

일본의 경우, 지난 1980년에 약 95만 명이나 되었던 목수가 2005년에는 약 58만 명으로 감소했다. 그 때문에 일본의 건축 기술도 점차 퇴화하는 것이 아닌가 하는 위기감에 휩싸여 있었다.

이런 와중에 헤이세이 건설의 아키모토 히사오(秋元久雄) 사장은 독특한 캐치프레이즈를 내걸었다.

"일본 최고의 목수 집단을 육성하겠다."

이쯤에서 잠시 대한민국의 건설업계 내부 사정도 엿볼까 한다.

건설근로자공제회의 《2015 퇴직공제 통계연보》에 따르면, 국내 건설업계의 외국인 노동자는 39만 2,000명으로 전체 건설 노동자 454만 명의 8.0%를 차지했다. 외국인 노동자의 비중은 2011년 5.8%에서 2013년 6.7%, 2014년 8.0%로 매년 증가하는 추세다. 현장만 보면 약 80%가 외국인 노동자란다. 그 대부분이 여행 비자로 입국한 불법 노동자다.

그런 탓에 목수나 형틀, 철근 등 각 부분에서 현장 경험이 풍부한 한국인 숙련 인력을 찾기가 점점 더 어려워지고 있다. 오죽하면 한국 아파트는 '메이드 인 차이나(made in china)'라는 말까지 나오겠는가. 또 건설 공사 현장의 사망자도 최근 5년간 2,596명이나 된다. 타 산업의 무려 7.5배다. 우리 건설업계가 위기를 맞고 있다.

다시 헤이세이 건설의 얘기로 돌아가자. 헤이세이 건설은 1989년 현 아키모토 사장이 설립한 회사다. 그는 이런 주장을 펼친 바 있다. "원가를 우선시하고 매뉴얼화된 작업만으로는 인간의 존엄성이 사라진다. 건축을 진지하게 생각하는 일류 목수를 키우고 싶다." 이는 시중 건축 회사에서는 좀체 떠올리기 힘든 생각이자 파격적인 주장임이 분명하다.

Business

독특한 3가지 경영 방침

policies

●"공장이 아니라 현장. 상품이 아니라 건축. 주문이 아니라 협동. 장인이 한 채씩 정성껏 만드는 주거. 그게 바로 우리가 생각하는 모노즈쿠리(物作り, 제조 산업)의 원점입니다"라고 하는 헤이세이 건설. 이 회사가 내세우고 있는 독특한 경영 방침 가운데 세 가지만 거론해본다.

첫째, 공정의 내제화

기업 경영의 효율화를 위해 영업과 설계 그리고 시공 관리 이외의 모든 공정은 아웃소싱(outsourcing)을 하는, 이른바 하청을 주는 것이 건설업계의 일반적인 관행이다. 그럼에도 헤이세이 건설은 이런 상식을 비웃기라도 하듯 모든 공정에 직접 관여하는 '내제화'를 택하고 있다.

둘째, 리더를 부하가 선택하는 CL 제도

치프 리더(Chief Leader, 이하 CL)란, 일반 회사의 부장과 같은 존재다. 헤이세이 건설에서는 각 부문의 책임자는 부하 직원의 신뢰를 얻지 못하면 능력을 발휘할 수 없다고 판단하여 매년 해당 부서에 소속된 사원들의 투표로 CL을 선출하고 있다.

셋째, 다면적인 인사평가제

개인의 업무 능력을 수치화하는 기존 평가 시스템은 기업이 존재하는 한 피해갈 수 없다. 그러나 특정 상사에게 한정된 인사 평가는 편중된 평가를 불러올 위험이 상존한다. 그런 위험은 평가 대상자만이 아니라 회사 입장에서도 바람직한 것이 아니다. 따라서 헤이세이 건설에서는 상사와 동료, 부하 직원, 관련 타 부서 직원 등 여러 계층에 걸친 사람들이 업적을 평가하도록 하고 있다. 이로 인해 평가의 공정성을 유지하고 다면적인 관점에서 인사 평가가 이루어지도록 했다.

이러한 헤이세이 건설을 두고 일본 내에서의 평가는 갈린다. 독특한 경영 방침에 손가락질을 하는 사람이 있는 반면, 극찬을 아끼지 않는 사람도 있다. 분명한 진실 하나는 이 회사의 대표는 성과만을 목적으로 직원들을 쥐어짜기보다 구성원 모두가 함께 소통하는 조직 문화를 창출하기 위해 노력하고 있다는 점이다.

더불어 고학력을 가진 사람이 반드시 대기업에 들어가야 하는 것은 아니다. 이른바 이름만 번지르르한 기업보다는 자신을 원하고 인정해주는 회사에서 꿈을 펼치는 것이 사회적으로도 훨씬 유익하다.

헤이세이 건설이 추구하는 독창적인 경영 방침은 150만 원 받는 중소 기업 정규직보다 100만 원 받는 대기업 파견직을 선호하는 우리의 현 세태에 많은 교훈을 던져주고 있다.

청년 실업률이 두 자릿수를 넘는 캄캄한 대한민국! 헤이세이 건설이 추구하는 독창적 경영방침은, 우리 청년들에게 심오한 교훈을 던진다.

지적 호기심과 도전정신으로 펄펄 끓어 넘쳐야 할 청년들이 여전히 대기업과 공무원에 목을 매고 있다. 서글픈 현실이 아닐 수 없다. 어쩌면 고용 구조(일자리 부족)의 문제를 넘어 우리 청년들의 생각에도 문제가 있는 건 아닐까! 청년이 깨어야 나라가 산다.

Think
Critically

1

이단아를 이단아로 보지 않을 때
아이디어가 더욱 **독창적**일 수 있다.

2

기존 프레임을 부숴야
새로운 생각과 **방향**을 모색할 수 있다.

Coffee Break

기록이 깨지는 까닭은?

발명할 수 있는 것은 모두 발명되었다.
미국 특허청장 찰스 듀엘(Charles H. Duell)

　명실공히 '세계에서 가장 빠른 사나이' 우사인 볼트. 100m 달리기에서 그의 적수란 없다. 최초로 올림픽 3회 연속 3관왕이라는 전인미답(前人未踏)의 경지를 일궈낸 신화 같은 선수다. 100m 세계기록은 여전히 9초 58로 남아 있다. 지난 2009년 세계육상선수권대회에서 볼트가 세운 기록이다.

　지금껏 인간의 한계로 여겨지던 9초 5대를 돌파하면서 볼트는 "9초 54까지 뛰겠다"는 자신의 욕망을 드러내기도 했다. 하지만 아쉽게도 그 목표를 이루지 못한 채 그는 2017년 세계육상선수권대회를 끝으로 선수 생활의 마침표를 찍었다.

　볼트의 100m 달리기보다 더 드라마틱한 것이 42.195km를 쉼 없이 달려야 하는 마라톤이다. 마라톤의 세계 기록은 케냐의 데니스 키메토가 2014년 9월 28일 베를린 마라톤에서 세운 2시간 2분 57초다. 인간의 한계라 여겨왔던 2시간 5분 벽을 2분 이상이나 앞당긴 대기록이다.

　사실 이 기록은 1896년 아테네 올림픽에서 그리스의 스피리돈 루이스가 세운 기록인 2시간 58분 50초를 거의 1시간이나 앞당긴 것이다. 이제 육상 팬들의 관심은 '과연 누가 2시간대 벽을 깰 것인가'에 쏠려 있다.

특정 종목에서 세계 기록은 인간이 더는 갱신할 수 없는 불가능한 영역으로 남아 있는 경우가 있다. 해당 선수는 물론 전문가들조차 그 이상은 무리라고 고개를 내젓는 사례가 허다하다.

그러던 것이 어느 날 홀연히 등장한 선수에 의해 새로운 기록이 세워지고, 이후 많은 사람이 지금껏 한계라고 여겨왔던 벽을 간단히 뛰어넘는 기이한 현상들이 벌어진다. 특히 이러한 현상은 육상 종목에서 자주 목격된다.

왜 이런 현상들이 일어나는 것일까?

절대 불가능해 보였던 철옹성 같은 것을 누군가 무너뜨리자 사람들이 '아니, 가능하잖아!'라고 생각하며 지금껏 쌓아왔던 내적 억제, 즉 고정관념을 한순간에 해방시켰기 때문이다.

'하늘을 나는 핀란드인들(Flying Finns)'이라는 말이 있다. 육상, 자동차 경주, 오토바이 경주 등 각종 대회에서 훌륭한 성적을 거둔 운동선수들을 통틀어서 부르는 별명이다. 그중에서도 대표적 선수가 바로 크로스컨트리와 육상 종목에서 활약했던 '파보 누르미(Paavo Nurmi)'다. 그는 1923년 1마일(약 1.6km)을 4분 10초 만에 달려 세계신기록을 달성했다. 이후 오랫동안 누루미의 기록은 깨지지 않았고, 언론은 입을 모아 그의 기록을 '인간의 한계'라는 말로 표현했다.

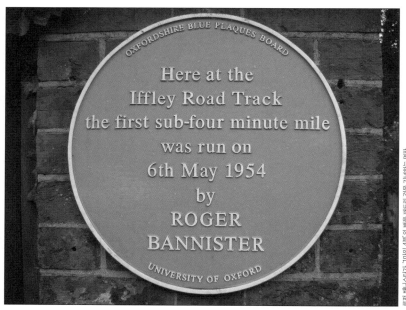

OXFORDSHIRE BLUE PLAQUES BOARD

Here at the
Iffley Road Track
the first sub-four minute mile
was run on
6th May 1954
by
ROGER
BANNISTER

UNIVERSITY OF OXFORD

로저 배니스터가 '1마일 4분'의 벽을 깨드린 것을 기념하는 명판

1954년 놀라운 일이 벌어졌다. 영국의 로저 배니스터(Roger Bannister)가 '1마일 4분'의 벽을 깨트린 것이다. 무려 31년 만의 기록 갱신이었다. 그런데 더 놀라운 사실이 하나 있다. 배니스터가 기록을 갱신한 그해에만 무려 23명이나 되는 선수들이 31년 동안 유지되던 누르미의 철통같은 기록을 모두 깨트린 것이다. 이후로도 1965년까지 11년 동안 177회의 경기에서 100명이나 되는 선수들이 무려 260번에 걸친 신기록 행진을 이어갔다.

우리 인간은 높은 벽에 부딪히면 "뛰어넘어야지!" 하고 노력을 기울이기보단 "저건 불가능해!"라는 고정관념을 먼저 쌓는다. "저 포도는 시어 맛이 없을 거야!"라는 이솝우화 속 여우와 닮아 있다. 자기 합리화와 자기 위안을 우선시해서다.

이 때문에 당면한 문제나 벽을 충분히 극복할 수 있는 능력을 갖추었음에도 그 역량을 제대로 발휘하지 못한 채 '불가능'이란 주술에 꽁꽁 묶여버린다. 그러다 누군가를 통해 고정관념이란 주술(呪術)에서 풀려나는 순간 언제 주술에 묶여 있었냐는 듯 본연의 위력을 발휘한다. 앞에서 말한 로저 배니스터의 사례처럼 말이다.

끝으로 배니스터에게 많은 영감을 준 아프리카의 명언 하나를 소개한다. 이 명언은 무한한 향상심과 끊임없는 도전 정신의 소중함을 일깨워준다.

**"매일 아침 아프리카에선 가젤이 잠에서 깨어난다.
가젤은 가장 빨리 달리는 사자보다 더 빨리 달리지**

않으면 죽는다는 걸 잘 알고 있다. 매일 아침 사자도 잠에서 깨어난다. 사자는 가장 느리게 달리는 가젤보다 빨리 달리지 않으면 굶어 죽게 된다는 걸 잘 알고 있다. 당신이 사자이든 가젤이든 중요하지 않다. 아침에 눈을 뜨면 질주해야 한다. 우리 생각도 그렇다."

1920년 앤트워프 올림픽때에서의 파보 누르미

PART 3

창의력을 길러줄
생각 도구

Part 3에서는 아름다움으로 가득해야 할 창의력이란 화단이
왜 망가져 버리는지 그 원인을 생각해본다.
또 창의력 계발에 도움이 될 마음가짐(생각 도구)과
이를 실천하기 위한 대표적인 기법 몇 가지를 소개한다.
고정관념이 껌 딱지처럼 늘 당신에게 붙어 다니는 것은
창의력 함양을 위한 적절한 생각 도구를 발견하지 못했기 때문이다.
자, 배가 항구에 무사히 닻을 내릴 때까지
조금만 더 인내하기 바란다.

뒤집어야
답이 보인다

01

"바퀴는 어떻게 먹어야 하나요?"
"다리와 머리를 제외한 몸은
단백질이 많아 괜찮습니다."

이런 독창적인 답변 덕분에
세스코는 한때 네티즌들의 입을 타고 인터넷을 점령하기도 했다.

손을 먼저 씻고
소변을 봐야 한다
?

진화0 '바닥에 오줌을 흘리지 마세요.'
진화1 '남자가 흘려서는 안 되는 건 눈물만이 아닙니다.'
진화2 '한걸음 앞으로! 당신의 거시기는 생각만큼 길지 않습니다.'
진화3 '한걸음 앞으로, 한걸음 앞으로! 그런 적극성이 당신 삶을 바꿉니다.'

정반대의 상황이 옳을 수도 있다!

언젠가 TV 예능 프로그램에서 '많은 남성이 화장실을 다녀온 후 손을 씻지 않는다'는 것을 몰래 카메라를 통해 보여주었다.

그 방송으로 인해 여성 시청자들이 큰 충격을 받았을 듯하다. 하지만 그런 남성들의 행위가 크게 잘못됐다고 생각지는 않는다. 필자 역시 손을 잘 씻지 않아서? 뭐, 그렇기도 하지만 또 다른 이유가 있다.

남성들이 화장실을 다녀온 후 손을 씻지 않는 행위보다 그 직전의 행위가 더 큰 문제라 판단되기 때문이다.

어딘가를 지나다 황급히 찾은 공중 화장실에서 대변보다는 소변을 보는 게 일반적이다. 실제로 대변과 소변의 횟수를 비교해도 그 차이는 뚜렷하다.

오늘날 소변을 본 뒤 손을 씻는 행위는 지극히 당연한 일이겠으나, 그보다 더 중요한 일은 소변을 보기 전에 먼저 손을 씻는 것이다.

남성들은 소변을 볼 때 우선 바지 지퍼를 내리고 '거시기'를 끄집어낸 다음 거사를 치른다. (물론 다른 방법도 있다.) 여성들의 상상대로다.

때문에 깨끗한 손으로 거시기를 터치하는 것이 아랫도리의 세균(바이러스) 번식을 억제하는 최상의 길이다.

손을 한 번 보도록 하자. 손은 몸의 여타 부분(입, 겨드랑이, 사타구니 등)보다 미생물 수가 적을지는 몰라도 사람과 사람, 사람과 물건의 소통을 위한 핵심 매개체가 아닌가. 그러니 가장 문제가 되는 건 손이라 할 수 있다. 게다가 한시도 손을 가만히 두지 못하는 남성들은 여성들보다 훨씬 더 많은 잡균을 가지고 있을 가능성이 높다.

일의 선후(先後)를 따져 딱 한 번 손을 씻어야 한다면, 볼일을 보고 난 후가 아닌 그전에 손을 씻는 것이 남성들의 행위 및 신체 구조상 좋은 방법이라 판단되는데, 당신 생각은 어떤가?

분명 필자의 주장과 다른 생각을 가진 독자도 있을 것이다. 부디 그런 생각이 고정관념이 아니길 바란다.

Think outside
the box

후추 찾기의 부산물은 미국?

●고정관념을 버리려면 우리 생활에 자리 잡은 패턴화된 사고방식을 먼저 털어버려야 한다. 패턴화는 인간에게 안정감과 위안을 가져다주지만 그 대가로 뇌의 자극과 움직임을 방해해 창의력과 상상력이 들어설 자리를 빼앗아버린다.

어떤 종류든 자극은 대단히 중요하다. 그 자극은 우리 마음속에 의문을 발아시켜 새로운 세계로 생각을 이끌어주기 때문이다.

구체적인 예를 들어보자.

매주 금요일 저녁이면 어김없이 가족들과 함께 뒤뜰에서 삼겹살 파티를 연다고 가정하자.

어느 금요일 저녁, 평소 뒤뜰에 두었던 삼겹살 굽는 판(그릴)이 보이지 않는다. 누군가 몰래 들고 간 것인지도 모른다. 이런 예기치 못한 새로운 상황으로 인해 당신 머리는 자극에 노출된다. 곧이어 이런 자극은 당신 발상을 바꿔놓는다.

① 창의력과 상상력을 총동원한다.

ex) 집안의 다른 도구를 활용해 삼겹살을 굽는다.

② 다른 방법으로 목적을 달성한다.

ex) 이웃집에서 그릴을 잠시 빌려 온다.

③ 대체 가능한 방법을 찾아낸다.

ex) 그릴 대신에 전자레인지를 활용해 고기를 굽는다.

④ 궁리 끝에 애초 의도보다도 더 손쉬운 방법을 발견한다.

ex) 최근 집 근처에 새로 들어선 싸고 먹음직스러운 삼겹살 집을 찾는다.

⑤ 기존 방식의 필요성에 의문을 던진다.

ex) 금요일 저녁마다 파티를 열기보다는 한 주의 피곤한 몸을 달랠 겸 찜질방을 찾는다.

앞의 과정을 통해 알 수 있듯 새로운 문제와 장벽을 계기로 자신의 습관과 행동을 되돌아볼 수 있다. 그리고 이를 통해 새로운 기회를 발견하기도 한다.

동서고금의 발견과 발명의 역사를 보면 더욱 명약관화(明若觀火)하다. 기존 방식이 더 이상 통용되지 않자 이를 대체할 수 있는 방안을 강구하는 가운데 도출된 것이 바로

세계 최고의 발견 및 발명품들이다.

후추를 둘러싼 에피소드는 이를 잘 입증해준다.

16세기 유럽인의 세계 진출은 후추 공급과 관계가 깊다. 중세 이래 후추는 유럽과 동아시아 사이에 거래된 가장 중요한 향신료였다. 다른 향신료로는 소금에 절인 고기를 먹을 수 없었기 때문이다.

후추의 톡 쏘는 맛과 독특한 향기는 가히 혁명적이라 할 만큼 유럽인의 입맛을 사로잡았다. 나아가 후추 덕분에 고기의 맛과 질이 전보다 더 좋아졌고, 더 많은 사람들을 매료시키기에 충분했다.

그러던 1470년, 투르크인들이 지중해에서부터 동쪽 육로를 봉쇄했다. 이로 인해 후추 공급량이 부족하게 되었고 가격 폭등까지 불러왔다. 일부 유럽에서는 금값과 맞먹을 정도로 고가에 거래되기도 했다.

결국 유럽 탐험가들이 서쪽에서 남쪽으로 항해를 시작한 것은 동아시아로 가는 다른 길을 발견하기 위해서였다. 이를 가리켜 혹자는 "후추 찾기의 부산물로 미국 대륙이 발견되었다"라고 주장하기도 한다.

후추가 없었으면 팍스 아메리카는 없었을지도 모른다.

Think Critically

1
극히 당연하다고 여겨지는 걸
가장 먼저 **뒤집고 흔들어보라**.

2
자극은 마음속의 의문을 발아시켜
새로운 세계로 생각을 이끌어준다.

연약한
인간

<u>02</u>

해골의 머리를 살피는 또 다른 해골!

깊은 상념에 빠진 듯한 모습이다.

인간의 내면을 살짝 엿보고 있는 듯도 하다.

어쩌면 이것이 연약한 인간의 본모습은 아닐까?

지켜보는 이가
더 고뇌에 빠진다.

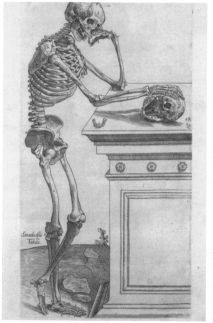

Secunda ossium tabula "Human skeleton inspecting a skull and in deep thinking"(1545).

창의력
살인자

다른 사람들과 비교함으로써 자신을 과소평가하지 마세요.
왜냐하면 우리 각자는 모두 다르고 특별한 존재이기 때문입니다.
Don't undermine your worth by comparing yourself with others.
It is because we are different that each of us is special.
코카콜라 회장 브라이언 다이슨(Brian G. Dyson)

창의력 살인자로부터 벗어나는 방법!

탐스러운 화단이 하나 있다. 그 이름은 창의력이다. 어떤 이유에서인지
화단은 누군가로부터 종종 짓밟힌다. 꽃과 나무들이 제대로 자라지 못하
고 병들어간다.

경험이 쌓이는 만큼 열정과 패기는 슬며시 꼬리를 내린다. 현실 지향적
으로 선회하는 만큼 창의력의 빛은 조금씩 바래가고 결국에는 '그냥 다른

사람만큼만 하자'는 달콤한 유혹을 거부하지 못한다.

　이로 인해 그동안 애써 일궈온 창의력이란 싹이 시들기 시작한다. 이는 다름 아닌 창의력 살인자의 출현을 뜻한다. 하지만 깨달아야 한다. 엉덩이를 땅바닥에 찰싹 붙이고 있으면 당장은 위험하지 않다. 그러나 그 순간부터 엉덩이에는 종기가 하나둘 돋기 시작한다.

　이뿐만이 아니다. 사실 창의적 발상을 방해하는 요인들은 우리 주변에 널려 있다. 다음 세 가지가 대표적이다.

동조(同調) 현상

　대한민국에는 세 가지 유형의 사람이 있다.

· 무엇이든 적극적으로 동조하는 사람

· 말없이 동조하는 사람

· 동조를 거부하는 사람

　앞의 두 사람은 관리하기 편한 반면, 마지막 사람은 관리는 고사하고 상대에게 눈엣가시처럼 느껴지기도 한다.

　일행이 우르르 몰려간 식당에서 "뭘로 주문하시겠어요?"라는 종업원의 물음에 은근히 옆 사람의 눈치를 살피는 사람이 있다. 다행히도 같이 간 누군가가 "짜장면으로 통일!"이라는 발언에 두말하지 않고 묻어간다. 괜히 잘난 척 깐죽대다가 손가락질당하기 십상이다. '우리는 모두 하나'라는 무언의 동조 압력이 연출한 해프닝이다.

　이웃집 철수가 피아노 학원에 다니면 우리 집 영희도 피아노 학원에 보내야 한다. 또 같은 반 친구가 미술 학원에 다니면 우리 아이도 미술 학원 수강증을 끊어야 한다. 그렇지 않으면 마음이 불편하다. 이는 모두 조바심이 낳은 동조 현상이다.

　배움이 아니라 경쟁 수단으로만 생각하는 교육은 학습은커녕 아이의 창의력만 짓밟고 파괴한다.

　기업도 그렇다. 기업은 창의력이나 업무 능력이 뛰어난 인재도 좋지만 협조적이고 충성심 높은 인재에게 애정이 간다고 공공연히 말한다.

　학교와 사회에서조차 동조를 잘하는 인재를 '협조성이 있는' 사람으로 보고 반겨온 그간의 분위기도 무시할 수 없다. 이런 동조 현상은 창의력과 독창성을 짓밟는 최악의 요인이자 고정관념 타파의 최대 걸림돌이다.

기능적 얽매임(functional fixedness)

　인간은 태어나면서부터 경험을 통해 다양한 지식을 쌓는다. 한편으로는 자신의 경험과 습관, 사회적 합의 등이 뒤엉키며 딱딱하게 머리가 굳어간다. 이 때문에 경험과 습관, 사회적 합의(가장 많이 쓰이는 용도) 이외의 방법을 떠올리기가 점점 힘들어진다. 이런 현상이 바로 '두뇌의 기능적 얽매임'이다.

　급하게 깔때기가 필요하다고 가정하자. 서랍 여기저기를 뒤져봐도 집안엔 깔때기가 없다. 그렇다면 어떻게 해야 할까? 깔때기를 사러 동네 슈

퍼를 찾아야 할까?

이때 페트병이 깔때기를 대체할 수 있음을 떠올려야 한다. 그러기 위해서는 '음료수가 들어 있었던 플라스틱 병'이라고 하는 기능적 얽매임을 벗어던지고 '깔때기 대체품'이라는 신속한 발상 전환이 이루어져야 한다.

본연의 용도 이외의 사용법을 떠올리는 것이 바로 당신의 창의력 수준이다. 그런 창의력을 키우기 위해서는 경험에 얽매이지 말고 두뇌를 의식적으로 해방시켜야 한다. 뇌가 머릿속에만 머물게 하지 말고 세상 구석구석 어디든 두둥실 떠다닐 수 있게 해야 한다.

권위주의적 분위기

이것은 누군가가 가진 권위를 무비판적으로 받아들이려는 사고다. 앞에서도 말했지만 우리는 동조 현상이 매우 강한 사회에 살고 있다. 특히 다수파 의견이나 권력자, 언론 등에 대해서는 무비판적으로 수용하려는 경향이 매우 강하다.

뉴욕에서 음악을 공부하는 친구가 직접 겪은 일이다. 교수님이 음악을 한 곡 틀어놓고 '이퀄라이저'라는 기계로 고음대와 저음대의 소리를 조절하면서 무엇이 다른지, 어떤 소리가 더 좋은지 학생들과 토론을 하고 있었다. 다른 학생들은 "이전 소리가 낫다", "아니다" 하며 열띤 토론을 하고 있는데 그 친구는 아무 차이도 느낄 수 없었다고 한다. 당황한 친구는 같이 수업을 듣는 한국 학생에게 "정말 들리냐", "혹시 음색 조절하는 기계가 꺼진 것은 아니냐"고 두 번이나 확인을 했다. 하지만 "잘 들어보라"는 위로

창의력을 위해서는
경험에 얽매이지 말고
두뇌를 의식적으로
해방시켜야 한다.

의 말이 돌아왔을 뿐이었다. 친구는 자신의 음악적 재능에 회의가 들었다고 했다.

그렇게 30분이 흐르고 난 뒤, 교수는 기계가 꺼져 있었던 것을 확인하고 학생들에게 사과를 했다. 음악에 전혀 변화가 없었던 것이 사실이었다. 친구는 자괴감으로부터 해방되었지만 꺼져 있는 기계를 만지며 학생들에게 계속 의견을 물었던 교수와 열띤 토론을 벌였던 학생들은 서로 얼마나 민망했을지….

불의의 교통사고로 화상을 입은 후 새로운 삶에 도전하고 있는 이지선의 '푸르메 칼럼'에 등장하는 글이다.

아이는 어른에게, 부하는 상사에게, 피고용자는 고용자에게 무조건 순종하는 것은 어쩌면 자연스럽고 아름다워 보인다. 이런 습성은 오랜 기간 상명하복과 같은 사회적 분위기에서 무의식적으로 형성된다. 하지만 그런 분위기 속에서 사고의 유연성과 창의력, 독창성이 자라나기는 힘겨워 보인다.

NO! NO! NO!
당신은 눈 뭉치?

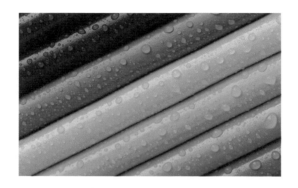

당신의 생각이 주변 사람들과 다를지라도 은근슬쩍 묻어가려 하지 말라. 눈 뭉치도 아니거늘 꼭 하나로 뭉쳐야 할 이유는 없다. 지금도 늦지 않았으니 과감히 '아니오(No)'를 외쳐야 한다.

신이 당신을 이 세상에 왜 내려 보냈는지 생각해보라. 무뇌(無腦) 상태로 남의 꽁무니만 졸졸 따라다니라고? 절대 그렇지 않다.

타협하려 들거나 익숙한 것에 안주하려 하지 말고 자신만의 생각을 마음껏 피력하라. 당신은 지구상에서 아주 특별하고 독창적인 존재다. 광활하고 유구한 우주 역사에서 처음이자 마지막 존재다.

테이블을 둘러싸고 옹기종기 모여 앉은 허심탄회한 분위기는 삼겹살을 굽고 술잔을 돌릴 때만 필요한 것이 아니다. 상사와 부하 사이, 어른과 아이 사이, 고용자와 피고용자 사이에도 지위와 입장을 벗어나 자유로운 대화가 얼마든 오갈 수 있어야 한다.

무지개가 왜 아름다운지 아는가? 다양성 때문이다. 언제든지 생각의 무지개를 활짝 펼쳐라. 다양성은 창의력이란 씨앗의 텃밭이자 그 계발에 절대 필요한 우리 사고의 균형점이다.

Think Critically

1

그냥 묻어가려는 **동조 현상**은
고정관념 타파의 **최대 걸림돌**이다.

2

경험에만 얽매이지 말고 이따금씩
두뇌를 의식적으로 **해방**시켜라.

3

다양성은 창의력이란 씨앗의 텃밭이자
사고의 균형점이다.

아이의
생각과 시선

03

오스트리아 시골 마을에서 본
귀여운 자매의 오붓한 한때다.
한 점 티 없는 무심의 얼굴이 귀여웠다.
아니, 정말 아름다웠다.

어린아이의 생각과 시선을
항상 잃지 말아야 한다.

고정관념이
낳은 결과

창의적으로 생각하는 자는 이미 주어진 생각의 틀과 생각의 설계도를 따르지 않습니다.
프리더 라욱스만(Frieder Lauxmann)의 《세상을 바꾼 어리석은 생각들》에서

가끔은 기존 원칙에서 일탈을 꿈꿔라!

"아빠! 궁금한 게 있어요."

"뭔데?"

"거울 속 내 모습은 왼쪽과 오른쪽이 서로 바뀌어 있는데, 위아래는 왜 안 그렇죠?"

첫째 아들이 유치원에 다닐 때 필자에게 던진 질문이다.

창의적 사고를 한다는 것은 코흘리개 아이처럼 주변에 널브러진 사물들을 자신만의 독특한 시각으로 파고드는 것이다. 창의적으로 사고하고 응용하는 능력을 키우기 위해서는 무엇보다 호기심이 중요하다.

　고학년으로 올라갈수록 천연덕스럽던 아이들의 호기심이 원천 봉쇄되어 교육 현장에서 차츰 왜(why)와 만약(if)이 사라지는 일이 있어서는 안 된다.

　세면대 앞에서 아빠와 아들이 함께 이를 닦고 있다. 참으로 사이가 좋아 보이는 부자지간이다. 먼저 입을 헹군 아빠는 그 컵을 아들에게 내밀었다.

　"아들~ 다 닦았으면 이걸로 헹구렴."

　"싫어요."

　"왜?"

　"아빠가 사용한 거잖아요."

　"아들~ 이 컵이 더럽다는 말이지?"

　"아빠 침 묻었잖아요."

　아빠는 고개를 끄덕이며 다른 컵을 아들에게 건넸다.

　다음 날 오후, 아빠는 학교 앞으로 아들을 마중 나갔다.

마침 아들은 학교 앞 포장마차에서 오뎅(어묵)을 먹고 있었다. 아빠는 아들의 의아스러운 행동을 한동안 지켜보았다. 아들은 큰 간장 그릇에 오뎅을 첨벙첨벙 찍어 아주 맛있게 먹고 있었다. 아무런 거부감도 보이질 않았다. 모르긴 몰라도 그 간장 그릇에는 수많은 아이의 타액(침)이 가득할 텐데 말이다.

Why? why?
어린이다움이 죽은 시체?

● 한 마을에 부지런하고 금실 좋은 부부가 살고 있었다. 부부는 시장에서 거위 한 마리를 사왔다. 부부는 거위가 무럭무럭 크도록 정성껏 돌보았다. 어느 날 거위 둥지를 본 부부는 화들짝 놀랐다. 그곳에는 황금빛 알이 하나 놓여 있었다. 부부는 혹시나 하는 생각에 알을 가지고 읍내 금은방을 찾았다. 알을 살펴본 금은방 주인이 말했다.

"100% 순금입니다."

그날 이후로 거위는 매일매일 딱 한 개의 황금알을 낳았다. 황금알을 낳는 거위 덕분에 부부는 마을에서 가장 큰 부자가 되었다. 생활이 윤택해지면서 부부는 점점 더 욕심이 발동했다. 99개를 가지면 1개를 더 보태 100개를 갖고 싶은 것이 인간의 욕망이다. 부부도 예외는 아니었다.

"왜 매일 한 개씩만 알을 낳는 거야!"

부부는 거위 배를 가르면 그 속에 황금이 가득할 것이라 생각하고 칼로 거위의 배를 쫙 갈랐다. 하지만 그 뱃속에는 황금은커녕 반쯤 만들어지다 만 핏덩이 알들로 가득했다. 부부는 땅을 치며 대성통곡을 했다. 후회해도 소용이 없다. 이미 엎질러진 물이다.

여전히 우리 사회에는 이런 부부들이 존재한다. 이 이야기에 등장하는 거위는 천진난만한 우리 아이들의 '호기심'이다. 그리고 황금알은 그런 아이들의 호기심을 통해 표출되는 '창의력'이다. 때 묻지 않은 아이들의 천진난만한 호기심이 사라지는 순간 더 이상 창의력은 기대할 수 없다.

과도한 교육에 시달리고 있는 우리 아이들의 호기심은 메마르다 못해 고사 직전이다. 아이들에게 알을 낳을 시간도 마음의 여유도 많이 부족해 보인다.

"어린이다움이 죽은 시체를 가리켜 어른이라 부른다(When childhood dies, its corpses are called adults)."

영국 출신의 작가 브라이언 올디스(Brian Aldiss)의 말이다. 이 말 속에는 어른이 되어서도 마음속의 아이를 영원히 간직하라는 심오한 메시지가 담겨 있다.

탁월한 창의력과 상상력의 소유자로 거듭나기 위해서는 코흘리개 유치원생의 호기심으로 세상을 바라봐야 한다. 그러면서 쉼 없이 의문을 던져야 한다.

"만약…."

"어째서?"

프랑스의 비평가 샤를 보들레르(Charles Pierre Baudelaire)의 말처럼

"천재는 마음대로 어린 시절로 돌아갈 수 있는 사람"인지도 모른다. 더해 "세상에서 가장 위대한 발명은 바로 어린아이의 마음"이라고 한 에디슨의 말은 가슴에 비수로 꽂힌다.

학교든 기업이든 정부든 개혁을 논하는 자리에서 부르짖는 화두에는 늘 창의력이 함께한다. 창의력은 변화와 동행하며 새로운 가치와 이념을 창출하는 정신이다. 그 밑바탕에는 균형 감각으로 무장한 다양성과 어린 아이의 호기심이 떠받치고 있음을 명심하라.

Think Critically

1
창의적으로 생각한다는 것은
이따금씩 **기존 원칙**에서 **일탈**하는 것이다.

2
창의력의 밑바탕은 균형 감각으로 무장된
다양성과 **아이의 호기심**이다.

가장 많이 찍힌
지문은?

하버드 대학의 상징 존 하버드 동상!
그 동상의 왼발을 만지면
'하버드 대학에 들어갈 수 있다'는 속설이 있다.
그래선지 동상의 왼발 끝은 늘 반짝반짝 광이 난다.

그 발에 남겨진
지문 수를 세어보면
한국인의 것이
가장 많을 듯하다.

© Kim Kwang Hee

골고루 먹어야
건강하지

날마다 비슷한 것만 보다가는 장님이 될 수 있습니다.
브라질 태생의 베스트셀러 작가 파울로 코엘료(Paulo Coelho)

"당신에게 가장 부족한 덕목은 무엇입니까?"

수년 전 노동부가 5인 이상 사업체의 직장인 3,003명에게 이와 같은 질문을 던졌다. 이에 응답자 40.3%가 '창의력'이라고 답했다.

지난 2014년 하반기 K은행의 자소서는 "K은행의 일원이 되기 위해 갖추어야 할 덕목은 무엇입니까?"로 시작된다. 합격자 자소서에서 '창의력'은 빠지지 않았다.

비단 기업만이 아니다. 교육 현장에서도 창의력 부재는 더욱 심각하다. 스펙 쌓기에 치여 교양 서적 한 권 제대로 읽을 시간이 없는 현재의 교육 환경에서 창의력이 설 자리는 너무나 비좁아 보인다.

물론 이렇게 된 데에는 자녀들의 주입식 교육을 위해 매년 약 20조 원이 넘는 돈을 사교육에 쏟아붓는 부모들의 헌신적인 노력(?)도 무시할 수 없다. 이 규모는 국내총생산(GDP)의 3%에 육박하는 수치이며, OECD 국가 평균인 0.8%의 약 4배에 이른다고 한다. 오늘도 부모들은 자녀들의 스펙 쌓기를 위해 자신의 허리를 질끈 동여매고 있다.

그래, 일단 좋다. 백보 양보해 자기 자식 잘 키워보겠다는데 무슨 수로 말리겠는가! 그런데 부모들은 식탁에서 아이들에게 이렇게 말한다.

"얘야, 음식을 골고루 먹어야 건강하지!"

그러한 부모들의 생각처럼 자녀들의 학습에서도 편식은 지양되어야 한다. 그럼에도 외국어 교육은 딱 하나 '영어'만 죽어라 시킨다.

주변에 누가 어학연수를 다녀왔다고 하면 대뜸 이런 말을 내뱉는다.

"영어 잘하겠구나!"

바로 '어학연수 = 영어'인 것이다.

그러다 근래엔 중국의 급속한 경제성장과 위상 변화에 화들짝 놀란 나머지 한자와 중국어 공부까지 시키고 있다.

이러한 환경에서 자란 아이들에게서 세상을 뒤집을 만한 창의력이나 상상력을 기대하는 건 우물가에서 숭늉 찾는 꼴이다. 많은 한국 학생이 그 어렵다는 아이비리그 대학에 입학을 하고 있지만, 절반 가까이는 졸업도 하지 못하고 중도 탈락한다고 한다. 성실하고 순종적이지만 어려서부터 부모 손에 이끌려 시키는 것만 하던 습관이 독창성과 자율성을 파괴한 것은 아닐까. 안타깝기도 하고 허탈하기도 하다.

건강을 위해서 편식을 금해야 하듯 자녀들의 머리 건강(창의력)을 위해서도 지식 편식은 금물이다. 글로벌 언어인 영어의 중요성을 결코 몰라서가 아니다. 하지만 영어로만 접할 수 있는 지구촌 정보는 한정되어 있다는 사실도 알아야 한다.

진정으로 대한민국을 강건하게 만들기 위해서는 우리 아이들이 일본어에도, 아랍어에도, 인도네시아어에도 그리고 그 밖의 언어에도 관심을 가져야 한다. 다양성이 메마른 편식 식탁에 건강한 창의력이 함께할 리 없다.

우리는 지정학적으로 미국, 일본, 중국, 러시아 4대 강국 속에서 경쟁을 하며 생존해야 할 운명이다. 이 때문에 다양성을 가진 국가 차원의 인적 자본 형성이 절대적으로 필요하다.

또한 수출을 해야만 먹고 살 수 있는 대한민국은 일본에서는 일본어로, 중국에서는 중국어로, 아랍에서는 아랍어로 소통해야 더 많은 몫을 챙길 수 있지 않을까?

나아가 외국어란 단순한 의사 표현의 수단이기보다 해당 국가 및 지역의 문화와 역사를 이해하는 훌륭한 도구다. 굳이 강조하지 않아도 알겠지만 이 도구는 우리의 끈끈한 밥줄이기도 하다.

Inbreeding in

그 많던 황소개구리는 다 어디로?

humans?

●기억을 십수 년 전으로 되돌린다.

전국 습지에서 밤낮없이 울어대던 황소개구리! 토종 어류의 씨를 말리던 생태계 파괴자! 무법자! 공공의 적!

그런 녀석들이 어느 순간 슬며시 사라져 버렸다.

그동안 외래 동물이 국내에 수없이 유입되었지만 황소개구리만큼 국민적 공포감을 준 존재는 없었다. 크기가 일반 개구리의 열 배에 달하고 갖은 곤충과 물고기, 게다가 뱀마저 삼켜 버리기 때문이다.

"정부와 민간단체의 노력도 어느 정도는 통했을 겁니다. 하지만 자연의 '보이지 않는 손'이 더 크게 작용했을 겁니다." 양서파충류연구소 심재한 박사는 가장 큰 원인을 '근친교배'에서 찾는다. 생태계를 점령한 이 양서류는 어미와 새끼, 형제, 자매 등 가까운 혈연끼리만 짝짓기를 계속했다. 이로 인해 악성 유전자가 대물림되고 유전자 구조가 단순해졌다. 특히 유전자가 단순해지면서 농약, 환경호르몬, 수질오염물질 등에 적응하지 못하게 됐다는 것이다. 그렇다면 원래 서식지인 미국에서 그런 일이 벌어지지 않은 이유는 무엇일까. "우리나라에서 큰 저수지라고 해봤자 미국의 작은 연못 수준에 불과할 겁니다. 넓은 수중 환경에서 살던 놈들이 좁은 공간에서 급격히 수를 불리다 보니 근친교배가 불가피했던 거지요." (《중앙일보》 2004년 9월 1일자)

황소개구리를 둘러싼 논점이 우리 교육계에 던지는 메시지는 예사롭지 않다. 단숨에 모든 걸 쓸어버릴 듯 뵈던 거악(巨惡)도 어미와 새끼, 형제, 자매 등 가까운 혈연끼리만 짝짓기를 계속했다. 그러다 열성 유전자가 축적되어 생존 능력이 떨어진 것이다.

이러한 동종 교배(inbreeding)의 부작용이 황소개구리나 일부 조직(기업, 대학 등)만의 문제일까?

아니다. 우리 아이들 모두가 똑같은 사고방식을 주입받고, 똑같이 사고하는 것들과 어울린다면 미래 사회는 열성 유전자만 축적되어 생존을 위협받을 수 있다.

교육의 근친교배! 생각만 해도 살 떨리고 끔찍하다.

다양한 사고와 이질적 사고 그리고 색다른 환경과

부단히 접목되고 노출되면서 그로부터 새롭고 독창적인 사고가 증폭되고 파생되어야 한다.

국내에 유입된 황소개구리의 전철을 밟아서는 절대 안 된다. 누구도 원치 않을 테지만.

우리 공교육 현실을 정확히 진단해보고 고뇌하며 자성(自省)의 시간을 가져야 할 때다. 그 결과, 문제가 발견되면 즉시 처방이 내려질 수 있도록 해야 한다.

教育千年之大計
교육천년지대계

Think Critically

1
학습과 교육 현장에서의 **동종 교배**는 **백 년의 퇴보**다.

2
나와 다른 사고 및 환경과 부단히 **결합**하고 **노출**시켜라.

삼각과
사각의 기억

05

© Kim Kwang Hee

체코 남동쪽에 위치한 중세 성(城) 도시
체스키 크룸로프(Cesky Krumlov)!
그동안 성냥갑 아파트만 접해왔던 필자에게
이 풍경은 두뇌의 영양제였으며, 눈의 보양식이었다.

이질성(異質性)은
또 다른 사고의
원군(우군)이다.

세상이 온통
네모 투성이인 까닭

?

흙은 사각형의 기억을 갖고 있다
단단한 장미의 외곽을 두드려 깨는 은은한 포성의 향기와
냉장고 속 냉동된 각진 고깃덩어리의 식은 욕망과
망각을 빨아들이는 사각의 검은 잉크병과
책을 지우는 사각의 고무지우개들
시인 송찬호의 〈흙은 사각형의 기억을 갖고 있다〉 중에서

사각은 한국인을 기억한다!

"한국은 모두 똑같아요."

필자의 지인인 아일랜드 영어 강사는 우리나라 아파트가 모조리 성냥
갑처럼 생겼다는 말을 그렇게 표현했다. 순간, 딱히 대꾸할 말이 떠오르
지 않았다.

성냥갑 아파트! 폭발이라도 할까 두렵다. 두렵다고 피할 수 없는 현실

이 더 고민스럽다. 하도 빼곡해 하늘에서 내려다보면 마치 콩나물시루 같기도 하다.

우리의 위대한 산물이지만 도가 지나치면 해악으로 변하는 법! 사방이 각지다 보니 어느 순간부터 숨이 턱턱 막힐 지경이다. 또 동서남북이 일직선으로 완전 포위되면서 아파트는 삭막하고 여유가 없어 짜증스러워 보이기까지 하다.

통계청의 '2015 인구주택총조사'에 따르면, 전체 주택에서 아파트가 차지하는 비중은 59.9%였다. 대한민국 사람 절반 이상이 아파트에 산다는 의미다.

그러다 보니 분쟁과 비리의 주 무대도 아파트다. 어마어마한 관리비에 알뜰 장터, 게시판 광고료, 각종 공사비, 재활용품 판매비 등을 둘러싸고 주민들과 대표(부녀회) 간의 대립이 발생하기도 한다. 아예 직업이 입주자대표회의 회장인 사람도 있다.

돌연 이런 생각을 해본다.

'한국인의 창의력과 상상력 결핍은 어쩌면 우리의 성냥갑 아파트 문화에서 오는 게 아닐까?'

전혀 근거 없는 상상이었으면 좋겠다. 아무튼 그 속에서 생활하는 우리 국민들의 심성이 모나지 않았으면 하는 바람이다.

세계 최고의 마천루인 '부르즈 칼리프'를 쌓아 올릴 만큼 우리는 훌륭한 기술과 건설 능력을 가지고 있다. 아파트가 네모인 것은 더 이상 기술적인 문제에서 기인하는 게 아니다. 그럼 어디서부터 꼬여버린 것일까?

위트 넘치는 가사와 반복되는 운율로 오랫동안 사랑받고 있는 노래가 하나 있다. 이 노래를 접한 아이들이 '세상은 왜 이렇지?' 하고 새로운 호기심을 가질 만한 노래다.

제목은 〈네모의 꿈〉이다. 가수 화이트(White)가 불렀던 이 노래에는 "네모난"이란 단어가 1절과 2절에 걸쳐 무려 30회 이상 등장한다. 1절 노랫말을 살펴보자.

네모난 침대에서 일어나 눈을 떠보면
네모난 창문으로 보이는 똑같은 풍경
네모난 문을 열고 네모난 테이블에 앉아
네모난 조간신문 본 뒤
네모난 책가방에 네모난 책들을 넣고
네모난 버스를 타고 네모난 건물 지나
네모난 학교에 들어서면 또 네모난 교실
네모난 칠판과 책상들
네모난 오디오 네모난 컴퓨터 TV
네모난 달력에 그려진 똑같은 하루를
의식도 못한 채로 그냥 숨만 쉬고 있는걸.
주위를 둘러보면
모두 네모난 것들뿐인데
우린 언제나 듣지 잘난 어른의 멋진 이 말

세상은 둥글게 살아야 해.

지구본을 보면 우리 사는 지구는 둥근데

부속품들은 왜 다 온통 네모난 건지 몰라.

어쩌면 그건 네모의 꿈일지 몰라.

　들을 때마다 가사가 참 재미있다. 꽤나 철학적이기도 하다. 세상에 네모가 없었다면 정말 큰일 날 뻔했다. 세상은 온통 네모인데, 정작 우리 신체(뇌, 장기, 뼈 등) 중 어느 것 하나 네모난 건 없다. 각진 생각을 못 떠올리는 까닭을 이제야 알겠다.

　앞의 노래는 오늘날 우리 사회가 획일화되고 단순화돼가면서 차츰 그 구성원들이 가진 창의력과 독창성을 잃어 가고 있음을 적나라하게 꼬집는다. 그래 아프다.

Good-bye
둥글둥글한 둥근꿈
mannerism

●네모는 매너리즘(mannerism)이다. 틀에 박힌 일정한 사고방식이나 행동을 습관적으로 취함으로써 자신만의 독창성이 상실되었음을 가리킨다. 당신이 어떤 사고를 하느냐, 어떤 매너리즘에 빠져 허우적거리느냐에 따라 삶의 모습은 다른 이들과 충격적일 만큼 달라질 수 있다.

'네모의 꿈' 노랫말 끝머리처럼 지구본을 보면 우리가 사는 지구는 둥근데 그 안의 부속품들은 어째서 모두 네모난 건지 모르겠다. 아파트라는 각진 부속품 속에 살지만 우리네 사고와 행동은 둥글둥글 둥근 꿈을 꿀 수 있었으면 좋겠다.

미국의 출판인 앨버트 허버드(Elbert Hubbard)는 이렇게 말했다.

"네모난 구멍의 네모난 못이 되기보다는 네모난 구멍의 동그란 못이 돼라. 세상은 이미 결정된 것이지만 삶은 아직 변화의 여지가 남아 있다."

이 말은 만들어진 세상의 틀에 동조하거나 억지로 끼워 맞추려 하기보다 자신만의 독특한 관점으로 삶에 접근하면 훨씬 더 유익하고 가치 있음을 뜻한다.

빛과 어둠의 양면을 모두 접해야 삶이 아름답고 소중한지를 깨닫듯 네모만이 아니라 삼각도, 타원도 골고루 접해야 우리의 사고도 유연해질 수 있다. 각진 네모투성이 생각에만 치우칠 것이 아니라 둥근 타원형도, 안정감의 삼각형도, 사랑의 징표 하트형도, 고집스러운 개성형도 모두 필요하다.

거듭 말하지만 다양성이 결여된 사회에서는 창의력도, 상상력도, 미래도 기대하기 힘들다. 자신과 조금 다르다고 해서 절대 타박하거나 비웃지 말라. 상대를 따라하거나 애써 맞출 필요도 없다.

Think
Critically

1
성숙한 사회의 소중한 가치 중 하나는
획일화와 **단순화**를 **거부하는 것**이다.

2
빛과 어둠의 양면을 접해야
사물의 진리와 **아름다움**을 깨닫는다.

생각의
착시

06

제주도의 '도깨비 도로'를 아는가?
분명 오르막인데 축구공을 놓아두면 위로 굴러간다.

이는 다름 아닌
착시현상(optical illusion)에서
비롯된 해프닝이다.

긍정의 씨앗을
뿌려야 하는 이유

!

기대하지 않는 자는 기대 밖의 것을 발견하지 못합니다.
그것을 향한 길을 밟아보거나 탐험해본 적이 없기 때문입니다.
고대 그리스 철학자 헤라클레이토스(Herakleitos)

고정관념, 우리 마음속의 고질병

당신의 아이디어를 무참히 걸어 넘어뜨리는 것이 있다. 그것은 딱딱하
게 굳어 있는 당신의 생각이다. 흔히 이를 '고정관념(stereotype)'이라 부
른다. 이는 미처 떨쳐버리지 못한 우리 마음속의 고질병이다.

알고 보면 고정관념이란 결코 자생력을 가진 것이 아니다. 평소 우리
가 무수히 경험하고 익힌 지식의 일부가 변형돼 표출된 것이다. 그 표출

은 지나치게 고정되고 관습화되어 거의 반사적 행동에 가깝다. 이런 이유로 고정관념을 가리켜 필자는 '생각의 착시'라 지칭하고 싶다.

앞 페이지의 첫 번째 그림을 보라. MIT의 에드워드 아델슨(Edward H. Adelson) 교수가 만든 것이다.

체스판 무늬의 오른쪽 귀퉁이에 녹색 원통이 하나 세워져 있다. 그리고 검은색 부분에 알파벳 A가, 녹색 원통의 그림자가 드리워진 회색 부분에 알파벳 B가 새겨져 있다.

아는가? A 부분과 B 부분 사각형의 색이 같다는 사실을.

도저히 믿기지 않는다고? 필자도 처음에는 그랬다. 아무리 들여다보아도 A 부분과 B 부분은 각각 연한 검정색과 회색으로밖에 보이지 않았다. 눈의 피로도 풀 겸 잠시 창밖을 응시하고 다시 바라보지만 A 부분과 B 부분의 색은 분명 달랐다.

이 그림이 다른 색처럼 보이는 이유는 무엇일까?

바로 대비 효과 때문이다. A 부분은 주위가 밝은 색으로 둘러싸여 있는 반면, B 부분은 어두운 색으로 둘러싸여 있다. 그래서 실제 색보다 A 부분은 더 어둡게, B 부분은 더 밝게 보이는 것이다. 나아가 원통의 그림자에 드리워진 B 부분과 그 바깥에 위치한 A 부분 간의 대비 효과도 양자의 차이를 더욱 배가시킨다.

A 부분과 B 부분이 같은 색인지를 단번에 확인하는 방법이 있다. 그림을 쫙 찢어 비교해보는 것이 가장 간단하다. 하지만 그러기엔 책이 좀 아깝다. 그래서 굵은 보조색 라인 두 개를 체스판 무늬 위에 그어보았다. 두

번째 그림을 보라.

보이는가? A 부분과 B 부분은 정확히 같은 색이다.

이제 당신의 시각이 얼마나 믿을 수 없는지 납득이 갈 것이다. 보이는 대로 믿다가는 정말 크게 혼쭐이 날지도 모른다. 보이는 것만이 전부가 아니다.

Optical illusions
생각의 착시?

● 생각의 착시라 규정한 고정관념은 개인이나 조직이 가진 내·외적 제약의 근원이다. 외적 제약이란 외부에서 다가오는 부정적 요소다. 한마디로 창의력을 억압하고 말살하는 아이디어 킬러(killer)라 해도 과언이 아니다.

"다 아는 얘기잖아!"

"리스크가 너무 크다."

"전에 해봤는데 안 되더라!"

"뜬구름 잡지 말고 다른 거 생각해."

"윗선에서 받아줄 리가 없지!"

"생각은 좋은데 실현이 문제라니까."

"너무 시대착오적 발상 아니야?"

"다른 사람들은 전부 바본 줄 아나!"

"지금 방식에 무슨 문제라도 있어?"

이번에는 개인과 조직의 머릿속에서 자발적으로 만들어내는 내적 제

당신의 뿌리 깊은
선입견, 즉 내적 제약을
깨끗하게 털어버려라.

약이다. 일종의 선입관이라 부를 수 있겠다.

"정답은 하나다."
"원칙도 소중하다고."
"빨리 결론을 내려야 해."
"너무 시기상조는 아닐까?"
"좀 더 현실적으로 생각해보자."
"그건 내 전문(일)이 아니라고!"
"하나라도 잘못되는 날엔 정말 끝장이다."
"나는 원래 창의력이 부족한 사람이야!"

이처럼 당신의 주위를 끊임없이 맴돌며 아이디어를 말살시키고 있는 외적 제약을 언제까지 보고만 있을 것인가? 한 방에 저 멀리 날려버려야 한다. 그런 다음 특정 사물이나 생각에 대한 당신의 뿌리 깊은 선입관, 즉 내적 제약도 깨끗하게 털어버려야 한다.

짙은 부정으로 치장된 내·외적 제약이 두뇌를 지배하고 있는 한 창의력을 지닌 개인 혹은 조직으로 거듭나려는 눈물겨운 노력은 모조리 무위로 끝날 수 있다.

희곡 작가 오스카 와일드(Oscar Wilde)는 말한다.

"Two men looked out through prison bars, one saw mud, the other stars."

평소 필자가 무척 좋아하는 말 가운데 하나다. 이 말 속에 담긴 메시지는 너무나 충격적이다.

이를 풀어보면 이렇다.

"감옥에 갇힌 두 사람이 창살을 통해 밖을 보고 있다. 한 사람의 눈에 들어온 것은 창살 밖의 거무스레한 '진흙'이었다. 또 다른 사람의 눈에 들어온 것은 찬란히 빛나는 '별'이었다."

두 사람은 동일한 공간에 몸을 의탁하고 있지만 전혀 다른 세상을 살아가고 있다. 이런 관점의 차이는 두 사람이 살아갈 미래에도 고스란히 영향을 미칠 것이다.

진흙을 본 사람은 현재와 별반 다르지 않은 그저 그런 나약한 미래를 그릴 것이다. 반면에 별을 본 사람은 밤하늘에 빛나는 별의 아름다움만큼이나 원대하고 멋진 미래를 개척해나갈 것이다.

이제 당신이 가진 내·외적 제약이라는 부정적 씨앗을 거두어들여라. 미래로 호호탕탕(浩浩蕩蕩) 당당하게 나아가라. 찬란히 빛나는 저 하늘의 별처럼 당신이 가진 긍정의 씨앗을 뿌릴 차례다.

가시 돋친 장미를 보고 '아름답고 향기로운 장미꽃에 웬 가시?'라고 푸념하기보다는 '가시 사이를 헤치고 올라온 아름답고 향기로운 장미꽃'이라고 바꿔보면 어떨까! 그러면 당신은 남과 다른 황홀한 장미향과 꽃을 느끼고 보게 될 것이다.

Think Critically

1

고정관념이란
평소 경험하고 익힌 지식의 일부가 변형돼 표출된 것이다.

2

짙은 부정으로 치장된 **내·외적 제약**에서
창의력이란 꽃은 시들어 버린다.

그림에서
무엇을 떠올렸는가?

현실과 상상의 차이는?

현실로 보는 것은 찰나고, 상상으로 보는 것은 영원하다.

머릿속을 홀라당 까뒤집어볼까 한다.

원이 하나 그려져 있고 그에 내접한 원이 하나 더 그려져 있다. 이 그림이 무엇으로 보이는가? 적게는 몇 개에서, 많게는 수십 개의 대답이 튀어나올 것이다. 지금부터 10분 안에 20개 정도만 종이에 적어보라.

그전에 잠깐! 다른 사람들이 공통적으로 떠올릴 것 같은 대답은 절대 하지 말라. 별 시답잖은 생각만 자꾸 떠오른다면, 그림에서 일단 눈을 떼라. 그런 후에 두 눈을 조용히 감고 머릿속에 다시 그림을 떠올려보라. 그러면 또 다른 세계가 펼쳐질 것이다.

떠오른 생각을 종이에 다 옮겨 적었다면, 이제 당신이 지닌 상상력과 창의력을 평가할 차례다. 당신의 대답과 다음에 제시한 '생각 하나'와의 사이에 겹치는 건 모두 몇 개인가? 또 당신만의 독특한 대답은 모두 몇 개인가?

레코드판, CD, 달걀 프라이, 위에서 본 모자, 위에서 바라본 치마 입은 여성, 버스나 지하철 손잡이, 위에서 바라본 눈사람, 위에서 바라본 비만의 대머리 남성, 과녁, 우물, 도넛, 욕반지, 총구(대포), 튜브, 송이버섯, 생선 눈, 안경을 쓴 눈, 너트, 문고리, 개기일식, 자동차 바퀴, 갓이 달린 스탠드, 만두피에 속을 올려놓은 모습, 영어 알파벳 'O', 한글 이응(ㅇ), 화산 분화구, 초인종, 토큰, 귀걸이, 꼴뚜기, 놀이기구 '디스코 팡팡', 핫도그 단면, 눈동자, 젖꼭지, 오꾸림(과자), 맨홀, 위에서 본 볼링 핀, 물결(파장), 경기장 트랙, 위에서 본 UFO, 콘돔, 510원(500원 짜리 동전 위에 올린 10원짜리 동전), 소주잔, 콧구멍, 머리 끈 혹은 머리를 묶은 모습, 나이테, 위에서 본 좌변기, 담뱃재 연기, 자동차 핸들, 카이홀맨(캐릭터) 모습, 쟁반 위의 사과, 컵을 위에서 본 모습, 새둥지, 화장지, 망원경, 위에서 본 요강, 엿 구멍(엿치기), 등고선, 돼지 콧구멍, 볼펜을 위에서 본 모습, 커피 잔과 받침대, 위에서 본 색연필, 엽전, 로마시대의 원형경기장, 구멍에 빠진 공, 청진기, 지구의 핵, 부항 자국, 하늘에서 본 남산타워, 개구리 알, 삶은 달걀 단면도, 내 등에 붙은 사마귀, 무릎 보호대, 눈의 동공, 라지(Large)에 레귤러(Regular) 사이즈의 피자를 올려놓은 모습 등

이번에는 당신의 대답과 아래의 '생각 둘'과 비교해보라. 누구도 생각지 못한 독특한 대답이 많으면 많을수록 당신은 풍부한 상상력과 창의력의 주인공임이 분명하다.

이루어질 수 없는 사랑(두 원은 결코 만나지 않음), 정화수 그릇 위에 비친 보름달, 시계의 시침과 분침의 동선, 문종이에 침 발라 뚫은 구멍으로 신혼 방을 훔쳐보는 눈, 싼데 또 싼 똥, 훌라후프 하는 사람(위에서 본 모습), 사랑 받아먹는 입, 쥐불놀이 모습, 우물 속에 떠 있는 바가지, 무대 주인공을 비추는 스포트라이트, 맥주잔에 빠진 소주잔, 깻잎에 올린 고기, 강강술래, 축구공을 향해 날아가는 야구공, 튜브에 끼인 엉덩이(아래에서 본 모습), 밑에서 바라본 종, 낙하지점, 로터리, 호수 위에 떠 있는 섬, 골인되는 농구공, 태풍의 눈 등

앞의 '생각 하나'와 '생각 둘'의 가장 큰 차이점이 무엇일까? 이미 눈치를 챘겠지만 '생각하나'에 등장하는 내용들은 실제 우리 눈으로 확인 가능한 것이 대부분이다. 다시 말해 눈에 보이는 대로 옮겨 적은 것들이다.
반면 '생각 둘'에 등장하는 내용들은 _우리 머릿속에서만 존재하는 것과 특정 순간에만 보일 것 같은 것_이 대부분이다. 그런 이유로 필자는 '생각 둘'과 같은 형태의 대답을 많이 한 독자에게 높은 점수를 주고 싶다.

핼러윈
파티

07

© Kim Kwang Hee

밴쿠버 브로드웨이 거리의 핼러윈 파티!
기발하고 음산하며 우스꽝스런 복장을 한 사람들.
독창적인 생각과 축제가 만나 어우러진
창의력과 상상력의 경연장이다.

평소 이런 놀이를 통해 더욱
참신한 아이디어로
다가갈 수 있다.

창의력을 북돋워줄
장소 1순위

?

부티크에서 유행의 흐름을 파악하고, 박물관에서 역사를 읽는 것은 누구나 할 수 있습니다. 하지만 창조적인 사람은 시끄러운 공항에서도 역사를 읽고 유행의 흐름을 파악할 수 있습니다.

저널리스트 로버트 위더(Robert Wieder)

창의력 소유자는 어떤 사람을 가리키는 걸까?

혹시 당신도 이런 부류의 사람?

오늘도 직장을 향해 오전 7시 정각에 집을 나선다. 같은 시간에, 같은 길을 따라, 같은 지하철을 타고 같은 역에 내린 다음, 매번 같은 출구를 통해 빠져나간다. 그리고 퇴근길에는 출근길을 정확히 거슬러 간다.

이런 관성적 행동을 취하는 것은 당신 스스로 편안하기 때문이다. 이러한 반복 행위는 시간 엄수는 물론 외부 위험으로부터도 안전하다.

그러나 관점을 조금만 바꿔 평소보다 약간 빠르거나 늦게 출발해보라. 평소와는 다른 길로, 다른 교통기관을 이용하여 다른 정류장과 출구를 이용한다면 당신은 지금과는 완전히 새로운 자극에 노출될 것이다.

새로운 길에는 당신의 발상을 깨울 독특한 가게나 간판, 진열, 상품 등이 있다. 또한 평소와 다른 교통수단을 통해 이전과 다른 승객들의 모습과 목소리를 접할 수 있다.

처음 내린 정류장이나 출구 주변에 이국풍의 커피숍이나 생소한 브랜드의 빵집, 소박하지만 개성이 뚜렷한 꽃집이 들어서 있을지도 모른다. 또 시각만이 아니라 후각과 청각에도 분명 신선한 자극이 될 것이다.

TV 채널을 바꾸어보라. 다른 옷을 입어보라. 다른 음식을 만들어라. 신문도 바꿔라. 찾는 가게도 바꿔라. 평소 읽지 않는 장르의 책도 읽어라. 행동도, 말도 바꾸어보라. 당신의 호기심이 이끄는 대로 따라가라. 그런 자극의 수만큼 발상의 수도 늘어난다.

창의력의 소유자는 어떤 사람을 가리키는 것일까? 굳이 난해하고 까다로운 강호(江湖) 고수들의 의견을 빌릴 필요도 없다. 기존의 습관이나 관념(고정관념)을 단숨에 깨뜨리는 유연한 사고와 혁신적 아이디어를 가진 사람, 자신의 의지대로 뇌를 잘 컨트롤할 수 있는 사람이 아닐까!

창의력의 소유자로 거듭나기 위해서는 관성적인 사고와 행동을 폐기하려는 노력이 중요하지만 환경적인 뒷받침도 더없이 중요하다.

중국 북송의 문장가인 구양수(歐陽脩)가 이르기를 훌륭한 시(詩)를 떠올리는 데는 '3상(三上)'이 최고라고 했다. 3상은 이걸 가리킨다.

- 마상(馬鞍): 말 위
- 침상(枕上): 침실
- 측상(廁上): 화장실

말 위는 지금의 시내버스나 지하철처럼 적절한 흔들림이 존재해 끊임없이 뇌를 자극할 것이고, 침실은 하루 중 가장 조용한 곳이어서 심상에 도움이 되며, 화장실은 해우소(解憂所)라 불리는 만큼 갖은 근심과 번뇌가 사라지는 곳이어서 새로운 발상을 촉진하게끔 도와준다.

또한 미국의 심리학자 로버트 엡스타인(Robert Epstein)과 줄리안 제인스(Julian Jaynes)는 이런 말을 했다.

"3B에 있을 때 좋은 아이디어를 얻을 수 있다. 특히 우수한 과학 및 수학적 발견은 3B 가운데서 이루어졌다."

여기서 3B는 바로 이것이다.

- 버스(Bus)
- 침실(Bed)
- 욕실(Bath)

이 가운데 욕실(Bath)은 단순히 욕조만을 말하는 것이 아니다. 물을 접할 수 있는 다양한 장소를 의미한다. 이를테면 해수욕, 물놀이, 샤워, 뱃놀이, 파도타기, 해변 산보, 빗속 사색 등을 들 수 있다.

이쯤 되면 눈치챘을 법하다. 결국 3상이나 3B는 모두 같은 얘기다. 탁월한 창의력을 이끌어내기 적합한 장소는 동서고금을 막론하고 흡사하다. 이는 인류의 두뇌가 시대나 지역에 크게 얽매이지 않는다는 걸 여실히 보여준다.

인류의 두뇌는 시대나 지역에
크게 얽매이지 않는다.

Oh! Eureka!

유레카를 낳은 3상과 3B

●지금으로부터 2,000여 년 전, 그리스의 수학자이자 철학자였던 아르키메데스는 목욕을 하다 말고 발가벗은 상태로 길거리로 뛰쳐나와 이렇게 외쳤다.

"유레카(Eureka)!"

목욕 도중에 떠올린 기막힌 생각에 자신도 놀라 소리쳤던 것이다. 유레카(알겠다!)는 따분한 실험실보다 그 밖의 장소에서 생각이 더 잘 떠오른다는 사실을 입증해주는 고전적 사례다. 과학자들은 그 비밀을 '잡념과 공상'에서 찾았다. 미국 드렉셀대의 존 코니어스(John Kounios) 교수는 "잡념(wandering mind)이 많거나 한 가지 생각에 집중하지 못할 때 우리 뇌는 더욱 활동적"이라고 말했다. 또한 피츠버그대의 마크 휠러(Mark Wheeler)는 "복잡한 문제를 풀기 위해서는 그 문제에 대한 분석적 접근보다 다양한 생각을 통해 뇌파를 여러 패턴으로 활동하게끔 만드는 것이 더 효과적"이라고 주장한다. 결국 잡념이나 공상에 빠져 있을 때 우리 뇌는 그 어느 때보다 활동적이 된다는 것이다. 일면 수긍이 간다.

그런 노력 가운데에서도 뇌가 별다른 활동을 보여주지 못한다면, 잠시 3B를 접해 보라. 앞에서 말한 3B와는 다른 요소다.

- Beauty　　　　　　　　• Beast　　　　　　　　• Baby

　이 3B란 아름다운 미인을 의미하는 Beauty, 귀여운 동물을 지칭하는 Beast, 한 없이 사랑스러운 아기, 즉 Baby를 가리킨다.

　광고업계에서는 3B가 소비자들의 뇌(시선)를 단숨에 잡을 수 있어 효과가 가장 큰 모델이라고 한다. 그런 3B는 머뭇거리고 있는 당신의 뇌를 가장 활발하게 움직이게 하는 자극제가 돼줄 것이다. 3상도, 3B도 탐탁지 않다면, 당신만의 심적 위안 장소를 발견해 선택하면 된다. 푹 쉬다 싫증 나면 여기저기 마구 뒹굴어도 된다. 어차피 정답은 하나가 아니다.

T h i n k
Critically

1
완전히 **새로운 자극**에 노출되는 것을
두려워하지 말라.

2
창의력의 소유자란 자신의 의지대로
뇌를 잘 컨트롤할 수 있는 사람이다.

$$6 + 6$$
$$= 2$$

08

둘째 아이가 시리얼을 먹다 말고 소리쳤다.
"와아~ 우리나라 지도다."
언젠가 그 아이는
'6 + 6 = 2'라고 했다.

6은
자기가 좋아하는 사과라나.

© Kim Kwang Hee

가능한 한 여러 곳에 똥 누기

내가 가지고 있는 정보는 어떤 것을 조사하는 도중에
다른 것을 발견하면서 얻은 정보가 대부분입니다.

미국 작가 프랭클린 아담스(Franklin Adams)

다양한 창의적 사고가 빛을 발해야 할 시기

이래저래 나이를 먹고 얼굴에 주름이 늘면서 미소도 딱딱해진다.

그래, 그래야만 인간이다. 이와 정확히 비례해 관념에도, 행동에도 어느
새 관성이 둥지를 튼다. 다르게 생각하고 독특한 몸짓을 하려 갖은 용을
써봐도 뇌가 원래대로 하라며 심술을 부리는데 난들 어쩌겠는가!

세상은 복잡해지고 있는데도 우리의 사고는 단순해지고 있다. 급속한

디지털화가 야기한 정보의 홍수 속에 살고 있어서다. 그러다보니 사람들은 자극적 정보에만 반응을 보인다. 이런 시대일수록 다양한 창의적 사고가 더욱 빛을 발해야 한다.

창의력을 키운다는 것은 한마디로 그런 관념 및 행동과의 결별을 의미한다. 어쩌면 자신이 살아오면서 공들여 쌓아온 지식과 경험을 모조리 폐기해야 할지도 모른다. 그러나 화려한 결별은 두렵고 험난하다.

창의적 아이디어는 어느 날 하늘에서 툭하고 떨어지는 것도, 땅에서 불쑥 솟아오르는 것도 아니다. 아이디어를 발굴하기 위해서는 비판적 시각과 지식, 감성, 호기심, 정보, 경험 등과 같은 다양한 소재가 수없이 필요하다.

그런 소재를 찾기 위해서는 익숙해진 것으로부터 과감한 일탈을 꿈꿔야 한다. 즉, 당신이 지금 해결하고자 하는 문제와 관계가 없는 것에 대해서도 마음의 문을 활짝 열어야 한다.

서울역에 가면 참신한 아이디어를 얻을 수 있다. 용산 박물관에서 역시 참신한 아이디어를 얻을 수 있다. 수영장에 가서도, 축구장에 가서도, 한 강변을 거닐다가도, 극장에 가서도, 쓰레기 더미 앞을 지나다가도, 세미나 참석 중에도, 골프를 치다가도, 도서관에서 책장을 넘기다가도, 하산하다 들른 허름한 보리밥 집에서도 아이디어는 넘쳐난다. 문제는 당신이 그것을 발견하지 못한다는 것이다.

서울대 임지순 교수는 한 특강에서 이렇게 말했다.

"창의력을 효과적으로 계발하는 방법은 없지만 계발하지 못하는 법은 있다. 그것은 바로 꽉 짜인 삶을 사는 것이다."

이는 창의적인 것을 떠올리기보다는 그것을 억제하는 것이 훨씬 간단하며, 숨 쉴 틈도 없이 빡빡하게 짜인 스케줄에 따라 살다가는 창의력을 가진 인간으로 거듭날 수 없다는 의미다. 공감 100%다.

다만, 진정 당신이 원하는 창의력 넘치는 아이디어를 끄집어내고자 한다면 그에 이르는 몇 가지 노하우는 분명 있다. 바로 다음과 같은 것들이 창의력을 위해 절대 필요한 당신의 우뇌를 흔들어줄 것이다.

- 영원한 것은 없다고 믿으세요.
- 행복한 나날의 연속을 가끔은 불행하다고 생각하세요.
- 가능한 한 많은 나라에다 똥을 누세요.
- 채널을 바꾸지 말고 온종일 TV를 시청해보세요.
- 10년 후의 자신과 대화를 나눠보세요.
- 30초 정도 안구를 상하좌우로 움직이세요.
- 온종일 아무 일도 하지 말고 그냥 집에 머물러보세요.
- How보다 Why를 먼저 떠올리세요.
- 도서관과 서점을 자주 찾아보세요.
- 여성 잡지를 들춰보세요.
- 성향이 다른 신문을 읽어보세요.
- 전공과 무관한 책이나 잡지들을 들춰보세요.

- 어린 자녀들과 대화를 나눠보세요.
- 증권거래소를 찾아가 시간을 보내세요.
- 미술관을 찾아 작품을 감상해보세요.
- 귀가한 자녀들의 노는 모습을 지켜보세요.
- 버스 밖 전경을 유심히 보세요.
- 주변의 광고 전단지를 잘 살펴보세요.
- 대형 할인점과 재래시장을 한 바퀴 둘러보세요.
- 괴짜 친구를 사귀세요.
- If를 입에 달고 다니세요.
- 서울역에서 노숙자 체험에 도전하세요.
- 끊임없이 의심하고 메모하세요.
- 평소 듣지 않는 라디오를 틀어보세요.
- 구글(Google)에서 특정 영단어의 이미지를 검색해보세요.
- 산에 올라 아래를 내려다보세요.
- 길거리 간판에 주목해보세요.
- 욕조에 몸을 담그고 무상에 빠져보세요.
- 평소 별 관심이 없었던 운동(종목)을 해보세요.
- 전자 제품 하나를 완전히 분해해보세요.
- 이따금씩 일과 무관한 것에 관심을 가져보세요.
- 책상 위에 난(蘭) 하나를 올려두세요.
- 시계 없이 하루를 살아보세요.
- 스마트폰 없이 하루를 살아보세요.
- 출퇴근(통학)길을 과감히 바꾸어보세요.

- 주변 쓰레기통의 내용물을 관찰해보세요.
- 약속 장소에 서 있는 사람들의 대화를 엿들어보세요.
- 놀이터에 앉아 유치원생의 대화에 귀기울여보세요.
- 일어나자마자 꿈에서 본 것을 메모하세요.
- 비오는 날 홀로 주변을 걸어보세요.
- 잠들기 전 "나는 대단한 창의력의 소유자다"라고 백 번만 되뇌세요.

이와 같은 것들을 실천으로 옮기는 과정에서 당신은 다른 사람들의 눈에 이상하게 보일 수도 있다. 심지어 손가락질을 받을지도 모른다. 그럴 때 두려워하기보다는 그 비판을 통해 또 다른 깨달음을 얻으려 힘써보자. 형이상학적이고 유별난 사람이 되는 걸 주저해서는 안 된다.

형이상학적이고
유별난 사람이 되는 걸
주저하지 말라.

Never give up!
147/805법칙

●에디슨은 말한다.

"참신하고 재미있을 것 같은 타인의 아이디어를 캐려는 마음가짐을 항상 가져야 한다. 자신의 아이디어는 실제 사용할 때만 독창적이면 그걸로 충분하다."

우리 두뇌는 항상 창의적인 아이디어만 쏟아내려고 무작정 대기하고 있지는 않는다. 때로는 당신의 강제적 연상 때문에 뇌도 배탈이 날 수 있다. 이때 중요한 것은 절대 포기하지 않는 마음가짐이다.

실패의 법칙을 의미하는 '147/805 법칙'이라는 것이 있다.

에디슨은 전구를 발명하기까지 147번의 실패를 거쳤다. 라이트 형제는 무려 805번의 실패를 거듭한 끝에 하늘을 나는 데 성공했다.

이 법칙은 에디슨과 라이트 형제가 실패를 한 횟수에서 따온 것이다.

Never, Never, Never give up!

무대포식으로 밀어붙이라는 말로 오해하지는 말라. 에드워드 드 보노는 저서《새로운 생각(New Think)》에서 이런 말을 했다.

"한 구멍을 깊게 판다고 해서 다른 곳에 구멍이 뚫리지는 않는다. 예전과 똑같은 일을 더 열심히 하지 말고 변화를 시도하라.”

아이디어를 떠올릴 때 매번 강제적 연상만을 시도해서는 안 된다. 끊임없이 변화를 시도해야 한다. 나아가 변태(變態)도 중요하다. 사소한 것들도 그냥 지나치지 말고 기록해두거나 사진을 찍어두면 좋다. 다른 사고와 시각으로 문제에 접근할 때 의외로 쉽게 해결책을 찾곤 한다.

Think
Critically

1
국내는 물론 지구촌 곳곳을 누벼보자.

2
형이상학적이고 **유별난 사람**이 되는 것을
주저하거나 두려워하지 말라.

3
늘 끈질기고 열심히 하되 **변화라는 도구**를
손에서 절대 내려놓지 말라.

건축가구
라고?

<u>09</u>

스즈키 토시히코(鈴木敏彦)의 '건축가구'

건축가구(建築家具)라고?

'우사기고야(토끼장)'에 사는 일본인다운 발상이다.
"좁은 집에서 살려면 이런 가구는 필수겠지!"
라는 동정과 연민을 가지기에는
우리의 창의력과 상상력이 너무나 부족하게 느껴진다.

뇌에 토네이도를
불러일으키려면

창의력을 저해하는 세 명의 강력한 적은?
그것은 바로 폐쇄성(blockage)과 습관성(custom), 안정성(stability)이다.

당신 뇌는 안녕한가요?

당신의 뇌는 늘 거센 비와 거친 바람을 맞아왔다고? 그렇다면 이제 그 뇌에 거대한 폭풍을 일으킬 차례다.

여기에 필요한 대표적 기법 가운데 하나가 바로 브레인스토밍 (brainstorming)이다. 지금으로부터 70여 년 전 광고 회사 BBOO의 중역 이었던 알렉스 오스본(Alex F. Osborne)이 고안한 기법으로, 구성원들이 모여 서로가 가진 아이디어를 자연스레 끄집어내기 위한 집단 기법의 하나다. 한마디로 '창의적 수다 떨기'라 하겠다.

영어 'brainstorm'을 직역하면 '영감이나 번뜩임, 급작스러운 정신착란'을 의미한다. 그러나 오스본은 '독창적인 문제에 돌진하고, 습격하기 위해 머리를 활용하는 것'이라는 의미로 '브레인스토밍'이란 말을 사용했다.

한 번도 받기 힘든 노벨상을 무려 두 번이나 그것도 단독으로 수상한 사람이 있다. 미국의 화학자 라이너스 폴링(Linus Pauling)이 주인공이다. 그는 "좋은 아이디어를 내는 최선의 방법은 많은 아이디어를 얻는 것이다 (The best way to get a good idea is to get a lot of ideas)"라며 무엇보다 아이디어의 수를 중시했다.

또 이런 말도 있다.

"셋이 모이면 문수(文殊)의 지혜!"

적어도 세 사람 정도가 모이면 그 가운데 한 사람은 자기보다 뛰어난 사람이 있어 필시 본받을 것이 있으며, 그 세 사람이 모여서 아이디어를 내면 문수보살과 같은 현명한 지혜를 얻을 수 있다는 뜻이다.

이 이야기는 결국 셋이 아니라 넷, 다섯, 여섯 등으로 머릿수가 늘어난다면 더 많은 아이디어와 지혜가 도출된다는 논리다.

다양한 의견과 아이디어를 내면 그 안에 효과적인 해결책이 포함되어 있으며, 그것을 분석하고 결합하는 과정을 통해 문제 해결 능력을 강화할 수 있다는 의미이기도 하다.

이 기법을 활용할 때는 네 가지 기본 규칙이 따른다.

1.
타인의 의견을 절대 비판하지 말아야 한다.
Criticism is ruled out.

의견(발언)에 대해 "이건 시기상조다", "이미 과거에 실패한 적이 있어", "아이디어는 좋지만 실행 가능성은 글쎄…?" 등과 같이 절대로 좋고 나쁨의 평가를 하지 않는다. 아이디어의 실현 여부 등을 즉석에서 지적하고 평가하는 순간, 팀원들의 창의력은 위축될 수밖에 없다. 비판은 아이디어 창출을 막는 가장 무서운 요인이다.

2.
자유분방하며 비현실적 발상이 환영받는다.
Freewheeling is welcomed.

"이걸 말하면 웃음거리가 되지 않을까?", "그냥 가만히 있으면 중간은 갈 텐데……", "너무 비현실적인 것은 아닐까?" 하는 식으로 스스로의 발상에 선을 그으면 안 된다. 그렇게 되면 모든 발상에 제동이 걸릴 수 있다. 고정관념과 논리 제약으로부터 탈피해 자유로운 토론과 발상에 가치를 부여해야 옳다. 엉뚱한 아이디어일지라도 가급적 많은 격려를 해야 한다. 판단은 일단 뒤로 미루어라.

3.
가급적 많은 아이디어를 제안해야 한다.
Quantity is wanted.

많은 사람이 "굳이 일을 벌일 필요가 있을까?", "이 정도면 충분해"와 같은 말을 스스럼없이 한다. 하지만 아이디어는 질이 아닌 양이 중요하다. 초보 사냥꾼도 자꾸 활을 쏘다 보면 호랑이를 잡을 수 있다. 그런 마음가짐으로 제안에 임해야 한다. 다다익선과 양은 언젠가 질로 바뀐다는 '양질전화(量質轉化)'를 실천에 옮겨보자. 세상에 나쁜 행동은 있어도 나쁜 아이디어는 없다.

4.
기존 아이디어에 새로운 아이디어를 융합시켜 또 다른 아이디어를 창출한다.
Combination and improvement are sought.

'이미 비슷한 게 있는데 뭘!', '내가 주인도 아니잖아!', '너무 부자연스럽지 않아?'와 같은 생각은 접어라. 아이디어는 또 다른 아이디어와 접목을 통해 이른바 시너지 효과를 창출할 수 있다. 아이디어와 아이디어의 결합과 편승은 당신이 예측할 수 없는 엄청난 결과를 가져올 수 있다. 자신의 발상만을 금과옥조처럼 고집하기보다는 다른 아이디어와 부지런히 부딪혀 흡수하고 흡수당하며 결합할 수 있어야 한다.

Brainstorming
전봇대의 눈 털기?

●강원도의 어느 깊은 산골 마을. 그곳은 겨울에 눈이 조금만 내려도 전기가 끊겨 암흑 속으로 빠져들곤 했다. 눈의 무게를 이기지 못한 전선(전깃줄)이 곧잘 끊어져 버려서다.

이 문제로 동네의 젊은 이장 김봉식은 밤낮을 고민했다. 그 모습을 지켜보던 아내가 참다못해 한마디 거들었다.

"혼자만 끙끙대지 말고 마을 사람들 말도 한번 들어봐요."

"(크게 기대할 것도 없지만) 뭐, 그렇게 해보지!"

김봉식은 저녁 시간을 택해 사람들을 마을 회관에 불러 모았다. 그러고는 최근 상황을 자세히 설명하며 뭔가 대책이 필요함을 역설했다. 그러자 마을 사람들로부터 의견이 봇물 터지듯 쏟아져 나왔다.

서울댁 왈 "전깃줄을 장대로 흔들어 쌓인 눈을 털어버립시다."

수원 어른 왈 "장대는 좀 무거우니 막대기를 던져 전깃줄을 맞춥시다."

춘천댁 왈 "아예 전봇대를 흔드는 것이 더 빠를 것 같은데요!"

전주댁 왈 "전봇대는 꼼짝도 하지 않으니 곰을 전봇대로 올려 보내 흔들도록 합시다."

영월댁 왈 "그 큰 놈을 어떻게 전봇대 위로 유인하죠?"

울산 어른 왈 "전봇대 꼭대기에다 곰이 좋아하는 꿀단지를 매달아둡시다."

유성댁 왈 "문제는 전봇대 꼭대기에 꿀단지를 어떻게 매다느냐 하는 것인데….”

원주 어른 왈 "헬리콥터만 있으면 전봇대 꼭대기에 쉽게 매달 수 있잖아요.”

태백 어른 왈 "그 헬리콥터는 어디서 구하죠?”

상주댁 왈 "읍내 소방서에 산불 방제용 헬리콥터가 있긴 한데….”

그렇게 회의는 박수로 마무리되었다. 다음 날 헬리콥터로 꿀단지를 싣고 가 전봇대 꼭대기에 매달기로 최종 의견 일치를 봤다.

"장난치나~ 뭔 말도 안 되는 소리를!"이라며 혀를 껄껄 찰지도 모른다. 하지만 앞의 방법을 통해 조금만 눈이 와도 전기가 끊겨 고민하던 문제가 말끔하게 해결되었다. 믿을 수 없다고?

꿀단지를 실은 헬리콥터가 전봇대 위로 날아오르자 그 날개의 강력한 바람이 전선에 쌓인 눈을 단숨에 날려버렸다.

이처럼 전혀 예상치 못한 곳에서 간단히 정답을 찾을 수 있다. 이것이 바로 브레인스토밍의 위력이자, 브레인스토밍이 추구하는 근원적 목표다.

브레인스토밍의 기대 효과에 대해서도 잠시 언급한다.

어떤 난제를 두고 해결책을 찾을 수 있다.

브레인스토밍은 당면한 문제 해결을 위해 여러 상황에 널리 활용되고 있다.

구성원들의 문제 해결 능력(창의력)이 성장한다.

브레인스토밍 특유의 창의적인 분위기를 반복 경험함으로써 자신도 모르는 사이에 창의적 발상법을 익히게 된다.

구성원 간의 관계 형성에 도움을 준다.

브레인스토밍을 통해 구성원들 사이의 일체감 형성과 동료 의식을 함양시키는 계기가 된다.

이처럼 브레인스토밍의 기대 효과는 다양하다. 물론 여기에는 반론도 존재한다. 영국 켄트대의 브라이언 멀른(Brian Mullen) 연구팀은 브레인스토밍의 효율성에 관한 연구를 했다. 그 결과, 분석 대상 20건 가운데 대부분의 실험에서 혼자 일한 사람들이 양적·질적으로 훨씬 뛰어난 결과를 이끌어냈다.

어떤 일을 혼자서 하는 경우, 성공을 하면 자신에게 모든 영광이 돌아오지만 실패하면 그 책임을 모두 짊어져야 한다. 반면에 여럿이 함께 일을 하는 경우에는 성공에 대한 분배도, 실패에 대한 부담도 그리 크지 않기에 적극적이지 않다는 것이다.

연구팀은 창의력 넘치는 아이디어도 마찬가지라고 주장한다. 혼자서 고민할 때 훨씬 더 창의적인 아이디어를 얻을 수 있다는 것이다.

그렇다고 브레인스토밍 기법을 곧장 쓰레기통에 처박아서는 곤란하다. 브레인스토밍은 조직이라는 하나의 유기체 속에서 창의적 아이디어를 부단히 이끌어내려는 지난한 작업이다. 게다가 조직에서 돌출되는 문제들은 매우 복잡하고 다양하며 때로는 난해하다.

브레인스토밍의 가치는 다양한 계층과 영역에 걸친 참가자들의 수많은 아이디어가 충돌하고 다시 융합하는 과정을 거치면서 최상의 아이디어로 집약된다는 강점을 지닌다.

Think
Critically

1
좋은 아이디어를 얻는 최선의 방법은
많은 아이디어를 얻는 것이다.

2
토론할 때에는 자유분방하며
비현실적 발상이 환영받도록 하라.

3
브레인스토밍은 조직이라는 유기체로부터
창의적 생각을 이끌어내는 유쾌한 작업이다.

빙산의
일각

<u>10</u>

"보이는 것은 일부입니다."
우리가 보고 느끼고 이해하는 것은
빙산(氷山)의 일각(一角)!

어쩌면 당신 내면에도
상상을 초월하는 창의력이
잠들어 있을지 모른다.

같은 것도 예상치 못한 시각으로 바라보기

발견이란 다른 사람들과 같은 것을 보더라도 다르게 생각하는 것입니다.
Discovery consists of looking at the same thing as everyone else and
thinking something different.
헝가리의 노벨의학상 수상자 알베르트 센트죄르지(Albert Szent Gyorgyi)

상하, 좌우, 동서남북의 관점으로 조합하라.

아이디어 창고로 불리고 싶은가? 그런 창고를 짓기 위한 체계적인 방법이 하나 있다. 문법이나 왕도 따위는 없지만 지름길은 있다.

대표적인 아이디어 조율법 가운데 하나가 '오스본 체크리스트(Osborne Checklist)' 기법이다. 이 체크리스트는 발상을 촉진할 수 있는 '질문 목록'을 사전에 마련해두고, 그 하나하나에 대한 답을 찾아가는 과정에서 아이디어를 도출하는 방식이다.

뭔가 기발한 아이디어를 떠올려야 할 경우, 그저 막연하게 머리를 짜내려 하기보다는 발상의 기준(질문)을 정해두고 순서대로 체크해가는 방법이 훨씬 효과적일 수 있다.

이런 체크리스트 기법은 누구든 손쉽게 활용할 수 있어 여전히 인기를 얻고 있다. 하지만 체크리스트에 지나치게 의존한 나머지 당신의 발상이 수동적이거나 기계적이 되어선 곤란하다.

전용(轉用) 가능성 Put to the other uses?	– 현재 상태로 다른 용도는 없을까? – 약간 개조해 사용한다면? – 다른 곳에 사용한다면? 예) 천막 재료를 청바지로
응용(應用) 가능성 Adapt?	– 이것과 비슷한 것은 없을까? – 어떤 것을 흉내 낼 수는 없을까? 예) 수상스키, 스노보드
변경(變更) 가능성 Modify?	– 새로운 모습으로 바꾼다면? – 색, 소리, 냄새, 의미, 움직임, 양식, 형태 등을 바꾼다면? 예) 누드 컴퓨터, 네모난 수박, 합격 사과

확대(擴大) 가능성 Magnify?	– 시간을 준다면? – 좀 더 횟수를 늘린다면? – 다른 가치를 부가한다면? – 더욱 강하게 한다면? – 더욱 길게 한다면? 예) 산모를 위한 분유, 녹차 먹인 돼지, 성인 기저귀
축소(縮小) 가능성 Minify?	– 제거한다면? – 작게 한다면? – 낮게 한다면? – 압축한다면? – 가볍게 한다면? – 짧게 한다면? 예) 씨 없는 수박(포도), 무가당 주스
대체(代替) 가능성 Substitute?	– 다른 사람으로 한다면? – 다른 재료로 한다면? – 다른 공정으로 한다면? – 다른 장소에서 한다면? 예) 못을 나사로, 김치 불고기 피자

재배치(再配置) 가능성
Rearrange?

– 순서를 바꾼다면?

– 일정을 바꾼다면?

– 성분을 바꾼다면?

– 다른 레이아웃은?

– 원인과 결과를 바꾼다면?

예) 음식점 선불제, 택배 착불

역전(逆轉) 가능성
Reverse?

– 반대로 한다면?

– 상하를 바꾼다면?

– 역할을 뒤집는다면?

예) 에스컬레이터, 컨베이어시스템

결합(結合) 가능성
Combine?

– 혼합한다면?

– 합체한다면?

– 통합한다면?

예) 휠체어, 지우개가 달린 연필, 스마트폰

Think more
창의적 사고가 사람들과 친해지는 법
creatively

●영국의 비평가이자 소설가인 아서 케스틀러(Arthur Koestler)는 이렇게 말했다.

"창조 활동이란 이미 존재하는 사실과 아이디어, 재능, 기술들을 벗겨보고, 골라보고, 섞어보고, 묶어보고, 종합해보는 일이다."

창의력을 이끌어 내기 위한 각종 기법은 항상 특별한 사고를 하라는 것이 아니다. 하늘 아래 새로운 게 없듯 이미 존재하는 익숙한 주제라도 예상치 못한 시각으로 보고 이를 적절히 조합하는 것이 대단히 중요하다. 그게 잘되지 않으면 억지로라도 섞어보고 엮어보고 까보고 해야 한다.

자동차 왕 헨리 포드(Henry Ford)는 "어떻게 하면 사람들이 일하도록 할까?"라는 질문을 "어떻게 하면 일이 사람에게 맞도록 할까?"라는 질문으로 바꿔 던져 지금의 컨베이어 시스템을 떠올렸다고 한다. 인류 문명이 시작된 이래 최고의 기술과 시스템이라 인정받는 것들은 모두 그런 발상 전환을 통해 탄생했다.

그렇다면 당신은 "어떻게 해야 사람들이 창의적으로 사고하고 행동하도록 할까?"를 "어떻게 하면 창의적 사고와 행동이 사람들과 가까워지도록 할까?"로 바꿔 질문을 던져보라. 무언가 독특하고 참신한 생각이 마구 쏟아져 나올 것 같지 않은가!

Think Critically

1
막연히 생각을 떠올리려 하기보다는
발상 기준을 정해두고 하나씩 체크해가라.

2
어떻게 하면 **창의적인 사고와 행동**이
사람들과 친해질 수 있을지를 생각해보라.

최고(最古)의
광고

11

태초에 광고가 있었다.
이를 증명하는 석판이 하나 있다.
그 비밀의 문을 열 창의력 열쇠는 바로
'heart, cross, woman's head, foot and cash.'

감 잡았는가?

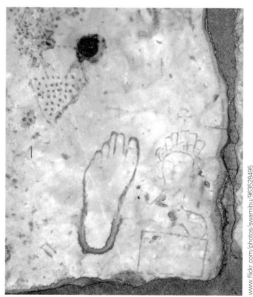

광고에
해답이 있다는데
?

인간의 몸은 심장이 멈출 때 삶이 끝나고, 영혼은 꿈을 잃을 때 삶이 끝나며,
두뇌는 창의적 사고를 게을리할 때 삶이 끝납니다.

광고에서 창의력을 얻다!

문자(文字)가 지구상에서 홀연히 사라졌다. 그와 동시에 쓰고 읽던 능력도 모두 자취를 감추었다. 이런 상황 속에서도 당신은 회사 신제품에 대한 광고와 홍보를 게을리할 수 없다. 그렇다면 대체 어떻게 회사의 신제품을 소비자들에게 소개할 것인가?

앞 쪽의 그림은 그 해답을 잘 알려준다.

단단한 석판도 인고의 세월을 거치면서 닳고 닳아 희미하다. 희멀건 면에 누군가 장난친 듯이 새겨진 어떤 그림이 보인다. 이는 어디서나 흔히 볼 수 있는 그저 그런 의미를 담고 있는 그림이 아니다.

다시 한 번 그림을 잘 살펴보라. 그림 왼쪽 위에는 무수한 점이 찍힌 하트 모양이 보이고, 바로 오른쪽에는 작은 +모양이, 그 아래쪽에는 사람의 왼발 모양이 보인다. 또 그 옆에는 여성의 얼굴 모습과 직사각형 모양의 무언가가 보인다.

대체 이 석판에 새겨진 그림이 의미하는 건 무엇일까? 이 그림을 통해 당신은 무엇을 떠올렸는가? 충분히 고뇌했으리라 믿고 답을 공개한다.

+모양_ "교차로에서"
왼쪽 발_ "왼쪽으로 가면"
여성의 얼굴 모습_ "귀여운(예쁜) 여자들이"
무수한 점이 찍힌 하트_ "마음을 가득 담아 서비스합니다."
직사각형 모양_ "꼭 돈을 가지고 오세요."

다시 정리하면 이렇다.

"교차로에서 왼쪽으로 가면, 예쁜 여자들이 정성을 가득 담아 서비스하는 곳이 있으니 꼭 돈을 가지고 놀러오세요."

이는 기원전 터키의 에페수스(Ephesus) 유적에 있는 현존하는 세계 최고(最古)의 광고다. 광고 내용은 앞의 설명을 통해 충분히 추측할 수 있으리라 생각한다.

그렇다. 바로 매춘굴(brothel)에 관한 광고다. 당시에는 문자가 존재하지 않았기에 그림으로만 이처럼 창의적인 표현을 했다.

매춘은 흔히 세계 최고(最古)의 직업이라 불린다. 더불어 비즈니스가 존재하는 곳이면 고금동서를 초월해 광고(홍보)가 존재했던 모양이다. 그래서 최고의 광고도 매춘 관련 광고가 될 수밖에 없었다.

우리들의 발상을 훨씬 뛰어넘는 기발한 광고임은 틀림없다.

인간은 본능적으로 자신을 포함해 두 사람 이상이 모인 곳이라면 언제나 상대에게 자신을 알리기 위해 갖은 노력을 불사한다. 그 때문에 현대를 가리켜 자기 PR의 시대라고까지 한다. 앞의 광고를 보고 있노라면 과거 역시 자기 PR의 시대였던 모양이다. 그 방법론만 달랐을 뿐이다.

프랑스의 한 광고인은 '광고'를 이렇게 극적으로 표현했다.

"우리들이 호흡하고 있는 공기는 산소와 질소 그리고 광고로 이루어져 있다."

특히 오늘날 삶의 대부분이 비즈니스와 직·간접적으로 연계되면서 광고를 떠나서는 한시도 살 수 없다. 실제로 아침에 일어나 잠자리에 들 때까지 우리가 접하는 광고 수는 무려 5,000개가 넘는다고 한다. 이런 광고는 창의력과 떼려야 뗄 수 없는 관계에 있다.

이를테면, 브레인스토밍 기법을 비롯해 다양한 창의력 기법을 고안한 것으로 유명한 알렉스 오스본은 광고 회사의 중역이었다.

그는 고객들이 요청한 제품 광고를 고민하는 과정에 여러 가지 창의력 발상법을 고안하게 된다. 세상에 광고가 없었다면 지금의 창의력 계발이나 그런 발상을 위한 기법들도 빛을 보지 못했다.

결국 광고만큼이나 창의력과 상상력을 시험할 수 있는 것도 많지 않으며, 광고 속에 숨어 있는 코드는 하나같이 모두 창의력의 정수이자 결실이라 하겠다.

만약 당신이 발상의 벽에 부딪혀 헤매고 있다면, 세상에 나와 있는 무수한 광고를 가급적 자주 그리고 많이 접하라. 광고는 당신에게 영감(inspiration)과 함께 벽을 무너뜨릴 해머도 안겨줄 것이다.

Think Critically

1
생각의 착시나 벽에 부딪혔다면
무수한 광고와 자주 놀아라.

2
인간의 몸은 심장이 멈출 때 삶이 끝나지만
두뇌는 **창의적 발상**을 게을리할 때 끝난다.

Advertising &
광고로부터 배우는 **창의력**
creativity

●이제 책을 마무리할 시간이 다가왔다. 창
의력이 돋보이는 광고 몇 편을 소개하는 것으로 끝맺음을 대신한다.

첫 번째는 일본의 보석 시계 '나가노(長野)' 광고다. 호숫가 언저리를 배경
으로 한 설경보다는 그 안에 적힌 '시간 상인'이란 글이 무척 감동적이다.

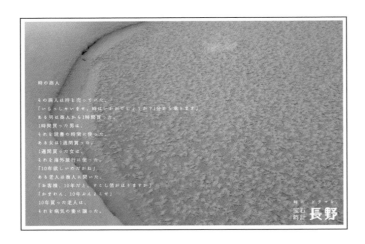

그 상인은 시간을 팔고 있었다.

"어서 오세요. 시간은 어떠세요. 1분부터 주문을 받습니다."

어떤 남자는 상인으로부터 한 시간을 샀다.

한 시간을 산 남자는 독서를 하는 데 그 시간을 사용했다.

어떤 여자는 일주일을 샀다.

일주일을 산 여자는 해외여행을 하는 데 그 시간을 사용했다.

"10년을 사고 싶은데."

어떤 노인이 상인에게 말했다.

"손님, 10년이면 상당히 비싼데요."

"상관없다오. 10년분을 주게나."

10년을 산 노인은 그것을 병든 아내에게 양보했다.

두 번째 광고다. 반들반들 빗어 넘긴 헤어스타일과 돋보이는 콧수염 때문인지 그 주인공이 누군지 단번에 짐작할 수 있다.

이는 독일의 독 모리스(Doc Morris)라는 제약업체가 자사 콘돔을 광고하기 위해 만든 것

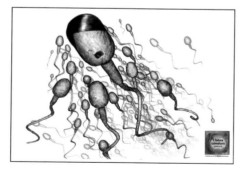

이다. 광고는 모두 세 가지 버전이 있는데, 각각 아돌프 히틀러, 마오쩌둥, 오사마 빈 라덴의 정자 캐릭터를 등장시키고 있다. (마오쩌둥이 들어간 광

고는 중국 네티즌들로부터 집중 포화를 맞았다.)

그 의미는 자사의 '1 라텍스' 콘돔을 사용하게 되면 히틀러나 마오쩌둥, 빈 라덴 같은 세계적으로 걸출한 인물(?)이 절대 세상에 태어날 수 없다는 얘기다. 결코 찢어지거나 하는 황당한 일이 없기에.

세 번째 광고다. 사진에 비춰지는 상황(장면)은 지극히 단순하다. 새하얀 방석 위에서 호두 두 개가 안락하게 그리고 사이좋게 쉬고 있다. 지나치게 단순한 상황 설정이다. 대체 무슨 광고일까? 광고 속엔 우리가 모르는 복잡한 의미와 상징이 숨어 있는 듯도 하다. 이것은 맥올슨(McAlson)의 남성 속옷 광고다.

아래쪽에 "세계에서 가장 편한 남성 속옷(The World's man Comfortable Boxer Shorts)"이라는 카피가 적혀 있다. 이제 호두 두 알의 의미를 꿰었는가?

네 번째 광고다. 아랫부분의 'Mans Underwear'가 의미하듯 남성 속옷 브랜드 JBS의 광고다.

일반적으로 남성 속옷의 광고 모델은 조각 같은 몸매를 가진 남성이다. 하지만 이 광고는 기존 발상을 완전히 뒤집어 섹시한 여성을 등장시켰다.

콘셉트는 관능미 넘치는 하녀(下女)다.

　그녀는 남자를 유혹하는 자세로 아슬아슬하게 가슴을 드러내고, 속옷을 끌어내려 미끈한 허벅지에 걸쳤다. 그러고는 뭇 남성의 속옷 하나를 집어 숨을 들이쉰다.

　AV(성인 비디오) 표지 같은 농도 짙은 사진을 보고 있으면 조금 민망해진다. 하지만 광고는 광고로만 봐야 한다. 그럼에도 그녀의 표정은 온갖 상상을 하게 만든다.

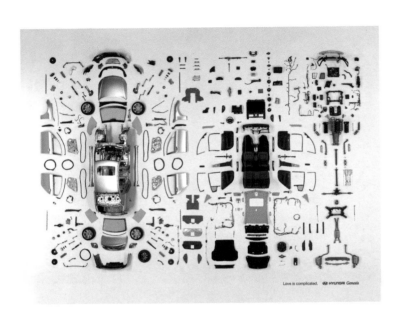

마지막은 제네시스 광고다. 일련의 분해 과정은 동영상으로 제작되어 유튜브에 올려있다.

자동차는 대략 3만 개 이상의 부품으로 조립된다. 이 때문에 이를 일일이 분해하는 작업은 결코 쉬운 일이 아니다.

제네시스 관계자들은 그런 사실에 착안했다. 이런 희귀 영상이 소비자들의 입(인터넷)을 통해 자연스레 퍼져 제네시스의 존재가 잘 어필(바이럴 마케팅)되길 바라는 목적으로 이 광고를 만들었다.

자동차 업계엔 세 가지 몸서리치는 변화가 기다리고 있다. 물론 그 과정에 넘어야 할 해저드도, 무수한 킬러 애플리케이션의 등장도 예상된다.

첫째, 자동차가 하드웨어 제조를 통해 돈 버는 시대는 서서히 종언을 고하고 있다. 현재와 같이 하드웨어를 잘 만들어 부가가치를 창출하는 것보다 소프트웨어를 통한 서비스가 더 큰 비즈니스가 된다는 의미다. 이를테면, 인공지능과 빅데이터, 증강현실(AR), 위치기반서비스(LBS), 커넥티드카 등과 같은 것들이 자동차와 접목되고 있다. 근래 자율주행과 친환경은 자동차 산업의 경쟁 우위를 가르는 키워드다. 자동차 회사와 ICT(정보통신기술) 기업과의 M&A는 더욱 가속화될 걸로 예상된다.

둘째, 중국 자동차 산업의 팽창이 초래할 변화다. 전 세계 수요가 크게 늘지 않는 상황에서 중국의 급부상은 한국 자동차 산업에 불길한 징후나 다름없다. 그렇다고 중국과 그 시장을 회피하거나 우회할 순 없다. 중국에는 한국을 대체할 시장이 존재하나, 한국에는 중국을 대체할 시장이 없다. 중국을 비롯해 인도 같은 후발 주자의 추격을 뿌리치기도 쉽지 않다. 이미 가격 경쟁력은 저만치 사라졌다. 이제 남은 건 기술력(품질)과 브랜드뿐이다. 그런데 이 둘 모두를 갖추었다고 하기엔 우리 업계의 갈 길이 험난해 보인다. 노조 문제를 포함해 촘촘한 제도 개선은 물론 창의적 혁신과 파괴가 절대적으로 필요한 시점이다. 빠르고 전사적이며 과감할수록 좋겠다.

셋째, 마지막 변화는 당신의 머릿속에 들어 있다. 그 머릿속이 엉뚱하고 기발한 생각으로 가득하길 바란다. 어쩌면 그게 세상을 뒤바꿀 가장 창의적이고 혁신적 아이디어가 될지도 모른다.

Coffee
Break

약점에 집중하라!

너의 약점을 단련하라, 너의 강점이 될 때까지.
Build up your weaknesses until they become your strong points.
미국의 미식축구 코치 크누트 로크니(Knute Rockne)

꽤나 오래된 질문이다.

"강점 혹은 약점 중 어디에 무게중심을 둬야 할까?"

짧은 논박이야 오가겠지만 결론은 뻔하다. 우리 사회의 관념상 더 이상 논의가
불필요한 질문이기 때문이다.

어느 누구도 '쓸데없이 약점을 보완하기 위해 피와 살 같은 시간과 에너지를 낭
비하지 말고 이미 내가 가진 강점에 시간과 에너지를 최대한 투자하라'는 우리 사
회의 뿌리 깊은 관념에 감히 맞서지 못한다.

덧붙여 약점을 보완하는 것보다 강점에 더욱 주력하라는 말은 설득력 측면에
서 훨씬 효과가 큰 게 사실이다. 여기에는 긍정적이고 건설적이며 미래 지향적인
가치까지 공유한 듯 보인다.

하지만 명심해야 할 것이 있다. "강점에 올인을 하라!"는 주장은 긍정적인 삶을
추구하자는 의미일 수도, 어깨가 축 늘어진 당신에게 용기를 불어넣어주기 위함

일 수도, 단순히 선의에서 하는 말일 수도 있다. 또한 그런 명쾌한 주장은 누구든지 쉽게 실천할 수 있을 것이라 여겨진다. 하지만 실상 이것은 탁월한 성공에 이르는 사람과 평범한 수준에 머무는 사람을 가르는 엄청난 경계선이다. 그래서 현실과는 다소 거리를 둔 이상적인 표현에 머물 위험성도 있다.

강점을 키워나가야 한다는 주장의 근거로는 두루뭉술한 '제너럴리스트(generalist)'가 아닌, 어느 영역에서든지 특출한 '스페셜리스트(specialist)'로 거듭나라는 권유가 대표적이다.

하지만 그런 논리를 펼칠 경우 간과해선 안 될 것이 하나 있다. 약점으로 인해 야기되는 각종 난제(難題)를 모두 커버할 수 있는 탁월한 강점의 소유자는 해당 분야의 1인자(스페셜리스트)와 주변의 몇몇 사람뿐이라는 점이다. 이런 부류에 들

수만 있다면 그건 엄청난 축복이다. 당연히 그 강점은 더욱 키워나가야 옳다.

반면에 그 부류에 들지 못하는 대부분의 사람은 자연스레 제너럴리스트, 즉 범인(凡人)의 인생을 살아갈 수밖에 없다. 참여자 모두가 1등이 될 수 없듯 대다수의 사람은 약점으로부터 결코 자유롭지 못하다.

그렇다면 답은 이미 나왔다. 무작정 강점에 올인을 하라는 논리만을 곧이곧대로 추종해서는 안 된다. 장삼이사가 떠올리는 '약점'의 모습은 필경 이렇다. 약점은 부정적(negative)이고, 절대적(absolute)이며, 영원한(permanent) 것이다.

약점이란 긍정적이기보다는 대단히 부정적이고, 상대적 개념이기보다는 절대적 개념에 가까우며, 그로부터 헤어나기란 영원히 불가능한 것처럼 비친다.

지금껏 당신 아니, 우리는 그렇게 살아왔다. 강점이라 여겨지는 부분이 있으면 이를 최대한 키우려 애썼을 것이고, 약점이라 생각되는 영역에 대해서는 어떤 식으로든 관리하고 보완하려 힘써왔을 것이다.

다시 말해 강점 혹은 약점, 어느 한쪽으로 지나치게 기울어진 행동이나 생각은 하지 않았다.

"많은 사람이 인생에서 실패하는 이유는 자신의 약점을 바로잡고 강화하는 방법을 배우지 못했기 때문이다."

성공학의 대가이자 〈석세스〉를 창간한 오리슨 스웨트 마든(Orison Swett Marden)은 다음과 같은 말로 약점 보완에 무게를 더했다.

또한 미국의 유명한 사상가이자 시인이었던 에머슨(Ralph Waldo Emerson)은 다음과 같이 설파했다.

"강점이란 약점에서 탈피하는 것을 가리킨다."

이는 강점의 본질이란 약점을 훌훌 털어버릴 때 비로소 성립될 수 있다는 심오한 주장이다.

약점은 저만치에 방치하고 모두 강점에만 올인을 해서 지속적으로 키워나가야 한다는 식의 논리를 언제까지 외칠 것인가! 일반 상식과 관념을 깨는 주장으로만 받아들이지 말고, 다시 한 번 강점과 약점의 의미를 곱씹어보는 창의적 시간을 가져보면 어떨까?

21세기 최고의 비즈니스

첫머리부터 '창의력'이라는 큰 주제를 가지고 마지막까지 쉼 없이 달려왔다. 숨이 턱 밑까지 차오른다. 탈고(脫稿) 무렵이면 늘 그렇듯 어딘가 허전하고 많이 부족하다. 다음에는 더 좋은 글을 쓸 수 있도록 필력을 다듬고 보완해야겠다. 아무쪼록 독자들의 이해와 격려를 부탁한다.

여기서 당부하고 싶은 게 하나 있다.

"I'm the king of the world."

〈타이타닉〉으로 감독상을 받은 제임스 캐머런(James Francis Cameron)이 수상 소감 말미에 외친 말이다. 그런 캐머런 감독은 12년 만에 내놓은 3D 입체 영화 〈아바타〉를 통해 창의력과 치밀함 그리고 이야기로 관객을 끌어당기는 스토리텔링의 제왕임을 다시 한 번 입증했다.

지난 2009년 런던의 G20 정상회의 저녁 만찬장에 한 여성이 나타났다. 그녀는 참석자들로부터 영국 여왕 못지않은 환대를 받았다. 오바마 미국 대통령은 악수를 청하며 열광적인 팬이라 고백했고, 드미트리 메드베데프 러시아 대통령 내외는 사인까지 받았다. 그녀는 다름 아닌 64개 언어로 번역되어 4억 권 이상 팔린 판타지 소설《해리 포터》의 저자 조앤 롤링(Joanne Kathleen Rowling)이었다.

그렇다면 〈아바타〉와 《해리 포터》의 공통점은 무엇일까?

그건 바로 창의력과 상상력을 집약해 탄생시킨 스토리텔링이라는 점이다. 근래에 스토리텔링을 내세운 비즈니스가 각광을 받고 있다. 바로 '창조 산업(Creative Industry)'이다. 이는 창의적인 아이디어와 발상을 통해 새로운 산업을 창출하는 것을 뜻한다. 이 산업은 막대한 파급 효과 때문에 향후 경제성장의 견인차 역할을 하게 될 것이다.

창조 산업의 핵심 자원은 역시 우리 인간의 두뇌다. 창의력과 상상력이 핵심 자원이고 그 우열이 창조 산업의 성패를 좌우한다. 창조 산업에서는 한 사람의 천재와 일부 한정된 개인과 조직을 통해 부가가치가 창출되는 것이 아니다. 5,000만 한국인의 창의력이 필요하다. 대한민국 모두가 그 주인공으로 거듭나는 날까지 창의력 계발과 교육은 계속되어야 한다. 명심 또 명심하라. 창의력은 스킬(skill)이다.

끝으로 '창의력 계발을 위한 30가지 마음가짐'을 제시하는 것으로 에필로그를 대신한다. 독자 제현의 창의력 넘치는 삶과 건강, 행복을 기원한다.

go考, go考, go考!

*go考는 '창의적 사고 속으로'라는 뜻과 'go go(파이팅)'를 의미한다.

창의력 계발을 위한 30가지 마음가짐

1. 다양성은 창의력이라는 씨앗의 텃밭입니다.

2. 교육의 근친교배는 백 년의 파괴입니다.

3. 물과 바람을 거스르는 삐딱이가 되세요.

4. 가급적 여러 곳에 똥을 누세요.

5. 내면에 잠든 코흘리개 어린아이를 깨우세요.

6. 과학 이상으로 감성의 잣대도 중요합니다.

7. 독서는 아는 만큼 보이도록 도와줍니다.

8. 상식이란 말에 침을 뱉으세요.

9. 때로는 위기감 조성도 필요합니다.

10. 눈에 보이는 것이 모두 진실은 아닙니다.

11. 긍정과 확신의 중요성을 잊지 마세요.

12. 과거는 미래의 창(窓)이 아니라 벽(壁)입니다.

13. 어떤 행동을 선택한 것은 그 결과도 선택한 겁니다.

14. 생각할 수 없는 것조차 생각하려고 애써야 합니다.

15. 미래에서 현재를 바라보세요.

16. 달리 생각하는 이를 높게 평가하세요.

17. 형이상학적이고 유별난 사람이 되는 걸 두려워하지 마세요.

18. 동조 현상은 자신을 부정하는 행위입니다.

19. 기능적 얽매임에서 벗어나세요.

20. 과감히 "아니오(No)"를 외칠 수 있어야 합니다.

21. How보다 Why와 If를 먼저 생각하세요.

22. 자신만의 원칙(rule)을 만들어나가세요.

23. 네모난 구멍에 둥근 막대를 가져다 꽂으세요.

24. 세상의 모든 자극(刺戟)과 친구가 되세요.

25. 늘 도전과 일탈을 꿈꾸어야 합니다.

26. 꿈의 크기는 바로 결과의 크기입니다.

27. 일과 창의력이 뒤섞인 사람(조직)이 되세요.

28. 모든 의견과 아이디어는 옳습니다.

29. 광고와 자주 어울려 노세요.

30. 당신은 세상에서 유일무이(唯一無二)한 존재입니다.

참고 문헌

- 김광희(2018),《창의력을 씹어라》, 넥서스BIZ.
- 김광희(2018),《누워서 읽는 경영학 원론》(전면 개정2판), 내하출판사.
- 김광희(2016),《생각 밖으로 나가라》, 넥서스BIZ.
- 김광희(2015),《일본의 창의력만 훔쳐라》, 넥서스BIZ.
- 김광희(2013),《미친 발상법》, 넥서스BIZ.
- 김광희(2012),《당신은 경쟁을 아는가》, 넥서스BIZ.
- 김광희(2011),《창의력은 밥이다》, 넥서스BIZ.
- 김광희(2011),《누워서 읽는 마케팅 원론》, 내하출판사.
- 김광희(2010),《창의력에 미쳐라》, 넥서스BIZ.
- 김광희(2009),《미니멈의 법칙》, 토네이도.
- 김광희(2008),《유쾌한 이야기 경영학》, 내하출판사.
- 김광희(2007),《부자들의 경영학 카페》, 국일증권경제연구소.
- 김광희(2006),《유쾌한 팝콘 경쟁학》, 국일증권경제연구소.
- 김광희(2005),《누워서 읽는 경영학 원론》, 내하출판사.
- 김광희(2004),《상식이란 말에 침을 뱉어라》, 넥서스BIZ.
- 김광희(2004),《이수일은 심순애를 어떻게 꼬셨나》, 넥서스BOOKS.
- 김광희(2003),《네 안에 있는 파랑새를 키워라!》, 미래와경영.
- 김광희(2003),《경영학을 씹어야 인생이 달콤하다》, 미래와경영.
- 짐 랜덜, 김광희·김대한 역(2013),《창의력, 쉽다》, 상상채널.
- 엔도 이사오, 손애심·김광희 역(2008),《끈질긴 경영》, 국일증권경제연구소.
- 김영한(2007),《창조적 습관》, for book.
- 피터 디아만디스, 스티븐 코틀러·이지연 역(2016),《볼드》, 비즈니스북스.
- 이지훈(2010),《혼창통》, 쌤앤파커스.
- 사이언스 라인, 이충호 역(2006),《과학상식 소백》, 웅진지식하우스.
- 프리더 라욱스만(2008),《세상을 바꾼 어리석은 생각들》, 말글빛냄.
- Edward de Bono(1985), "New Think", Avon Books.
- Edward de Bono(2008), "Creativity Workout: 62 Exercises to Unlock Your Most Creative Ideas", Ulysses Press.
- Lawrence Weinstein & John A. Adam(2008), "Guesstimation: Solving the World's Problems on the Back of a Cocktail Napkin", Princeton University Press.

참고 문헌

• Roger Von Oech(2002), "Expect the Unexpected: A Creativity Tool Based on the Ancient Wisdom of Heraclitus", Berrett-Koehler Publishers.

• William Poundstone(2004), "How Would You Move Mount Fuji?: Microsoft's Cult of the Puzzle", Little, Brown and Company.

• 네이버(www.naver.com), 구글(www.google.com), 야후저팬(www.yahoo.co.jp) 등의 검색 사이트.

• 〈조선일보〉, 〈중앙일보〉, 〈동아일보〉, 〈매일경제〉, 〈한국경제〉, 〈한겨레〉, 〈연합뉴스〉, 〈아사히(朝日)신문〉, 〈니혼게이자이(日本經濟)신문〉 등.

창의력에
미쳐라